U0731137

我一直因为没有鞋子而哭泣，

直到有一天我遇到了连脚都没有的人。

把活着的每一天当作生命的最后一天

[美]海伦·凯勒／著

宋碧云／译　摩西奶奶／绘

图书在版编目（CIP）数据

把活着的每一天当作生命的最后一天 /（美）海伦·凯勒著；宋碧云译 . -- 北京：台海出版社，2016.12
ISBN 978-7-5168-1198-6

Ⅰ . ①把… Ⅱ . ①海… ②宋… Ⅲ . ①凯勒（Keller, Hellen 1880-1968）—自传 Ⅳ . ① K837.127=533

中国版本图书馆 CIP 数据核字（2016）第 283929 号

把活着的每一天当作生命的最后一天

著　者 |（美）海伦·凯勒　　　译　者 | 宋碧云

责任编辑 | 刘　峰　赵旭雯　　　策划编辑 | 赵荣颖　孙清清
装帧设计 | 主语设计　　　　　　责任印制 | 蔡　旭

出版发行 | 台海出版社
地　　址 | 北京市朝阳区劲松南路 1 号，邮政编码：100021
电　　话 | 010 － 64041652（发行，邮购）
传　　真 | 010 － 84045799（总编室）
网　　址 | www.taimeng.org.cn/thcbs/default.htm
E － mail | thcbs@126.com

印　　刷 | 北京旭丰源印刷技术有限公司
开　　本 | 880 毫米 × 1230 毫米　1/32
字　　数 | 150 千字
印　　张 | 7.5
版　　次 | 2017 年 1 月第 1 版
印　　次 | 2017 年 1 月第 1 次印刷
书　　号 | ISBN 978-7-5168-1198-6
定　　价 | 39.80 元

版权所有　侵权必究

黑暗和孤独会使人珍惜光明；

沉默和寂静会教人领悟声音的美妙。

我尽量将别人眼中的光明变成我的太阳，

别人耳中的音乐变成我的交响曲，别人唇上的微笑变成我的幸福。

MOSES.

在我一生无数个漫漫的黑夜里，我读过的和别人读给我的那些书，
像一座辉煌的巨大灯塔，指引我穿越人生及心灵最深的航道。

我一直都确信，让我一直坚持下去的动力就是我喜欢做的那些事情。

你必须要找到你真正爱的东西，

这个道理适用于必须找到你真正热爱的工作和爱的人。

每个人的时间都是有限的，

所以不要把自己的生命浪费在活在别人的意愿当中。

不要被偏见束缚住，那样只会让你活在别人的设想中。

目　录

假如给我三天光明

第一天　　　　　　　　　　　/ 010

第二天　　　　　　　　　　　/ 015

第三天　　　　　　　　　　　/ 022

我的生活故事

第一章　诞生　　　　　　　　/ 031

第二章　淘气的孩子　　　　　/ 039

第三章　从黑暗到光明　　　　/ 049

第四章　莎莉文老师　　　　　　　／054

第五章　暴风　　　　　　　　　　／059

第六章　曙光　　　　　　　　　　／064

第七章　学校的课程　　　　　　　／069

第八章　圣诞节　　　　　　　　　／079

第九章　充满人情味的城市　　　　／082

第十章　暑假　　　　　　　　　　／087

第十一章　羊齿采石场　　　　　／ 091

第十二章　雪的宝库　　　　　　／ 099

第十三章　有翅膀的话语　　　　／ 103

第十四章　误解　　　　　　　　／ 109

第十五章　世界博览会　　　　　／ 122

第十六章　学习　　　　　　　　／ 127

第十七章　渴望　　　　　　　　／ 130

第十八章　考试　　　　　　　　／ 134

第十九章　特殊的困难　　　　　／ 142

第二十章　大学　　　　　　　　／ 149

第二十一章　我的理想国　　　　／ 160

第二十二章　忘我中有喜悦　　　／ 179

第二十三章　不朽的生命　　　　／ 197

把活着的每一天当作生命的最后一天

假如给我三天光明

有时

我突然想

如果我们能像明天就会死去那样活着该多好

只有用这样一种态度

我们才能对宝贵的生命给予最大的尊重

我们应该每天都怀着友善、朝气和渴望去生活

    我们都读过这样一些扣人心弦的故事，故事里的主人公生命垂危，濒临死亡，有的长达一年，有的却只有一天。然而，我们最想知道的是，这些注定要死亡的人是如何想办法度过他们生命里最艰难的最后几天或几小时。当然，我这里说的是那些有所选择的人，而不是被套上枷锁、行动受限的被判刑的罪犯。

    这些故事让人揪心，也让人不禁想象如果我们遇到了同样的境况该怎么办。人生自古谁无死，但剩下的这最后几小时，会有一些什么样的遭遇、什

么样的感受、什么样的联想呢？我们回顾往事，又会找到哪些幸福，又有哪些遗憾呢？

有时，我突然想，如果我们能像明天就会死去那样活着，该多好。只有用这样一种态度，我们才能对宝贵的生命给予最大的尊重。我们应该每天都怀着友善、朝气和渴望去生活。但是，当时间在我们面前日复一日，月复一月，年复一年地不断流逝，这些品质往往就会消失殆尽。当然，也有一些人把"人生苦短，及时行乐"当作座右铭，然而多数人却会为死神的降临而饱受折磨。

故事中，命运已定的主人公通常会在最后的一分钟，因为好运而得到拯救，然而他的价值观念还是改变了。他更加清楚地领悟到生命永恒的精神价值和意义。我们经常会发现，那些活在或者曾经活在死亡阴影中的人们，会为他们所做的每件事情都赋予一种美好的意义。

然而，我们都觉得人生是注定的。虽然知道总有一天我们都会死去，但我们总是把那一天想得极其遥远。我们处于精神活跃、身体强壮的健康状态，死亡几乎是遥不可及的，我们难得想到它。日子延伸到无穷无尽的边境之中，所以我们总是做着无价值的工作，根本意识不到我们对生活的懒散态度。

我担心，我们全部的天赋和感官都同样的懒惰。只有耳聋的人才珍惜听觉，只有眼盲的人才能体会到重见光明的种种幸福。这种看法特别适用于那些成年后失去视觉和听觉的人。但是，那些在视觉或听觉上完好无损的人，却很少能够充分地利用这些可贵的感官。他们的眼睛和耳朵盲目地吸收一切景色和声音，却也很少珍惜它们。我们并不感激我们所拥有的，直到我们失去了它；我们不关心我们的健康，直到我们生病。自古以来，莫不如此。

我经常会想，如果每个人在他年少的时候经历过几天盲聋症，这将会是一种幸福。黑暗和孤独会使人珍惜光明；沉默和寂静会教人领悟声音的美妙。

我时常会问那些有视觉的朋友，他们究竟看见了什么。

前几天，一位好朋友来看我，她刚从树林里散步而来。于是，我就问她有一些什么发现。"没有什么特别的。"她回答道。要不是我听惯了这样的回答，我简直不敢相信我的耳朵。我早就知道眼明的人能看到的东西实在是少得可怜。

在树林中穿行一个小时，却没有看到什么值得注意的东西，这怎么可能呢？即使我这个双目失明的人，仅仅凭借触觉，就能收获到无数的感动。我用双手温柔地抚摸树叶细腻的脉络，亲切地触碰一株桦树光滑的外皮，慢慢地拂过一株松树粗糙不平的树干。

　　春天，我抓着生机勃勃的枝丫，满怀希望地寻找蓓蕾，寻找大自然冬眠之后苏醒过来的第一个征兆。有时，我能感觉到一朵花可爱而柔润的肌理，发现它那不平常的卷曲。有时，我非常走运，将手轻柔

地放在小树上，就可以感觉到小鸟在音律丰满的歌声中快乐地跳跃。我非常喜欢小溪凉爽的流水从我张开的指缝间急促地流淌。松针和海绵似的绿茵铺就的茂盛葱郁的地毯，比豪华奢侈的波斯小地毯更受欢迎。对我来说，四季的美景是一场剧情跌宕、永不落幕的戏剧，而它的情节从我的指尖一幕幕滑过。

　　有时，我的心在流泪，我渴望看到所有美好的东西。我只是触摸就能得到那么多的乐趣，那么有了视觉将会有多少美尽收眼底！可是，那些目明的人啊，你们看到了什么？世界上异彩纷呈、千姿百

态、万花筒般的景象，他们认为是理所当然的。也许人类天性如此，极少去珍惜所拥有的东西，而去渴望那些得不到的东西。在光明的世界中，视觉这一天赋才能，竟只被作为一种便携工具，而不是一种丰富生活的手段！这是多么可惜啊！

假如我当上大学校长，我要开设一门必修课程，就是"如何去使用你的眼睛"。教授将教会他的学生，怎样用心去观看那些从他们面前过去而一直被忽略的事物，让他们看到这五彩的世界，体会到这多姿多彩的人生，唤醒他们沉睡已久的天赋。

也许我能用想象来告诉大家，假如给我哪怕只有三天的光明，我最想做的一些事情。

在我想的时候，也请你想一下吧，请你认真想想这个问题。假定你只剩下三天的光明，那么你会怎样使用你自己的眼睛，你最想让你的目光停留在哪里？自然，我想亲眼看看在我黑暗的岁月里令我珍惜的东西，我想你也一样吧。只有这样，你才会在那即将到来的夜晚，将它们牢记。

如果，世间真有奇迹，给我三天光明，然后让我再次回到黑暗中去。我一定会好好地珍惜这宝贵的每一天。

第一天

　　第一天，我要看那些善良、温厚的人们，是他们的友爱使我的生命有了意义。

　　首先，我希望长久地凝视我亲爱的老师安妮·莎莉文·梅西的面庞。当我还是个孩子的时候，她就来到了我的身边，用爱和智慧为我开启了外面世界的大门。我不仅要看到她脸部的轮廓，以便我能够将它珍藏在我的记忆里，还要研究她的容貌，去发现她出自内心的温柔和耐心。她正是这样完成教育我的艰巨任务。我希望能从她的眼睛里看到能使她在困难面前始终不低头的坚强性格，看到她那经常向我流露的、对于全人类的爱心。

我不知道什么是透过"心灵的窗户"，不知道如何从眼睛看到朋友的内心。我只能用手指尖来"看"脸的轮廓。我能够认出他们的欢笑、悲哀和许多其他明显的表情。我是通过触摸朋友的脸来认识他们的。但是不能靠触摸来了解他们。当然，还有其他方法。通过他们向我表达的思想，通过他们向我展示的动作，我对他们的个性也能有所了解。但是，我却不能对他们有深刻的理解。而那种理解，我相信，只有通过观察他们，通过看他们表达的种种思想和对所处境况的反应，通过注意他们的眼神和脸色，才可以获得。

我身边的朋友们，我了解得很清楚。通过多年的相处，他们已经将自己的优缺点都传达给了我。然而，对于普通朋友，我就没什么完整的印象。这个印象还是从握手中，从我通过手指尖"听到"的他们的嘴唇发出的话语中，或者从他们在我手掌的轻轻划写中得到的。

你们健全的人多幸福，可以通过观察对方微妙的面部表情、肌肉的颤动、手势的摇摆，迅速领悟对方所表达的意思。这该是多么简单，多么令人心满意足啊！

但是，你们可曾想过用你们的眼睛，去抓住一个人的面部特征，从而挖掘一个朋友或者熟人的内心呢？

我再次问你们：你们能准确地描绘出五位好朋友的面容吗？有些

人能够做到，但是大多数人却做不到。有一次实验，我询问那些丈夫们，他们妻子眼睛的颜色。但他们中的大多数人显得很困窘，承认他们并不知道。妻子们不都经常抱怨丈夫不注意自己的新服装、新帽子的颜色以及家里摆设的变化吗？

健全的人们，他们的眼睛不久便习惯了周围事物的存在，他们仅仅注意到了那些令人惊奇的、壮观的事物。然而，即使他们观看最壮丽的奇观，眼神也都是懒洋洋的。

法庭每天的记录都透露着"目击者"看到的东西是多么的不准确。同一事件会被几个见证人以几种不同的方式"看见"。有的人比别人看得仔细，但没有几个人能够清楚地描述他们所看到的一切。

啊，假如给我三天光明，那我会看见多少东西啊！

第一天，将会是忙碌的一天。我将把我所有亲爱的朋友都叫来，长久地凝视着他们的脸，把他们的内在美和脸部轮廓都铭刻在我的心中。我将会把目光停留在一个婴儿的脸上，记住那初到人间，个人意识尚未建立之前的那种充满渴望的、无邪的童真。

我还想看看我的小狗们忠实、信赖的眼睛，庄重、宁静的小司格梯和达吉，还有强壮懂事的大德恩和黑尔格，它们的热情、幼稚而顽皮的陪伴，使我获得了不少的安慰。

在这忙碌的第一天里，我还要看看我的房间里各种简单的小物品，看看脚下的小地毯温暖的颜色，看看墙壁上挂着的画，还有将房子变成一个温暖的家的那些亲切的小玩意儿。我会将崇敬的目光落在那些我读过的盲文书上，但是那些健全的人们所读的印刷字体的书籍，更让我感兴趣。在我一生无数个漫漫的黑夜里，我读过的和别人读给我的那些书，像一座辉煌的巨大灯塔，指引我穿越人生及心灵最深的航道。

在我能看见的第一天的午后，我将到森林里进行一次远足，让我的双眼陶醉在大自然的美妙之中。几小时里，我将拼命看尽那些经常展现在健全人面前的光辉灿烂的广阔美景。从森林回来的时候，我要走在农场附近的小路上，看看在田野耕作的大马（也许我看到只是一台冰冷的拖拉机），看看那些靠着土地生活的悠然自得的人们。

日暮西山，我会为那壮观的落日而祈祷，我会为凭借人造的光明看见东西而感到兴奋。当大自然宣告黑暗降临，人类的天才用智慧创造了灯光，扩展了世界。在第一个光明的夜晚，我将为这一天的美好回忆，无法安心入睡。

第二天

　　到了拥有光明的第二天，我要赶在黎明前起床，去看那黑夜变为白昼的第一缕阳光。我将怀着敬畏之心，仰望壮丽的大自然创造的辉煌，深刻牢记是太阳唤醒了沉睡的大地。

　　这一天，我将走向世界，将过去和现在的世界匆忙瞥一眼。我想看看人类进步的那些时代的变迁。这么多的年代，我怎么可能在一天之内看完？唯一的方法就是通过博物馆。我经常参观纽约自然历史博物馆，触摸那里展出的许多展品，但我一直渴望亲眼看到地球的简史和陈列在那里的地球上的居民。博物馆里陈列了按照时代描绘的生活在大自然的动物和人类，巨大的恐龙化石和史前巨象的化石，它们比人类出现还要早，在人类以他们短小的身材和聪明的头脑征服动物王国以前，它们就已经占领了整个地球；博物馆还真实地展示了动物、人类，以及劳动工具的发展经过；人类如何使用这些工具，在这颗行星上为自己创造出安全、牢固的家园；博物馆还介绍了数以千计的自然历史知识。

我不知道，有多少读者观察过那给人无数启发的博物馆里所描绘的活着的动物的各种各样的形态。可能许多人并没有这个机会。但是，我相信有机会走进博物馆的人里没有几个能好好地利用它的。那里确实是你大开眼界的好地方。能看得到的你，可以在那里得到许多宝贵的收获。但是我，却只有凭借想象才能看见的三天，也仅仅是匆匆地一瞥而过。

今天的第二站是大都会艺术博物馆。正像自然历史博物馆展示世界物质发展的方方面面，大都会艺术博物馆展示了人类精神文明发展的点点滴滴。在整个人类进化的过程当中，人类对于艺术表现出的强烈欲望绝不亚于对食物、藏身处以及生育繁殖的迫切渴望。

在大都会艺术博物馆巨大的展览厅里，埃及、希腊、罗马的精神在它们的艺术中表现出来，展现在我面前。

我通过触摸清楚地了解了古代尼罗河国度的诸神。我抚摸了帕特农神庙中的复制品，感受到了雅典士兵有韵律的步伐。阿波罗、维纳斯以及双翼胜利之神莎莫瑞丝都使我爱不释手。荷马的那些长满胡须和皱纹的雕像对我来说是极其珍贵的，因为他真正地了解我们盲人的世界。我的手依依不舍地抚摸着罗马及后期的那些栩栩如生的大理石雕像，我的手抚摸遍了米开朗琪罗打造的感人的英雄摩西石膏像，我感慨罗丹的才华出众，我敬畏哥特人对于木刻的虔诚。这些能够触摸的艺术品对我来说意义非凡。然而，我知道它们并不是供人触摸的，而是视觉艺术的展品，虽然我只能猜测那种我看不见的美。比如，我能欣赏希腊花瓶的简朴的线条，但它上面绘制的那些精美图案我却看不到。

因此，这一天，我拥有光明的第二天，我希望通过艺术来探索人类的灵魂。我会看见那些我原本只能凭借触摸所知道的东西。更妙的是，整个壮丽的绘画世界也将向我打开，从宁静的富有宗教色彩的意大利早期艺术到充满狂野风格的现代派艺术。我将逐一品味拉斐尔、达·芬奇、提香、伦勃朗的油画。我要饱览维洛内萨的绚烂色彩，研究艾尔·格列科的奥秘，从科罗的绘画中重新欣赏大自然。

啊，健全的人们，在历代艺术中有这么丰富的意味和美供你们欣赏！在这场艺术之旅中，我根本无权对展开在我面前的那个伟大的艺术世界妄加评论，我将只能得到一个肤浅的印象。艺术家们告诉我，只有练就一双慧眼才能懂得鉴赏这些真正而深刻的艺术。

一个人只能通过经验来判断线条、构图、形式和颜色的品质优劣。如果我能看见并从事这么令人神往的研究，那该是多么幸福啊！但是，我听说，对于许多健全的人们来说，艺术世界仍是个有待进一步发掘的未知世界。

我十分不舍地离开了大都会艺术博物馆，它就像一把能打开美的钥匙。但是，看得见的人们往往并不需要到大都会艺术博物馆去寻找这把美的钥匙。同样的钥匙还在较小的博物馆中甚或在小图书馆的书架上等待着。但是，在我想象的拥有光明的有限时间里，我应当挑选一把钥匙，能在最短的时间内开启藏有最大宝藏的地方。

重见光明的第二晚，我要去剧院或是电影院。即使现在我也常常出席剧场的各种各样的演出，但是，我观看的方式依然是必须有一个同伴把剧情拼写在我的手上。我多么想亲眼看看哈姆雷特迷人的风采，或者看看穿着伊丽莎白时代鲜艳服饰的生气勃勃的福斯塔夫！我

多想注视哈姆雷特的每一个优雅的步伐，看着精神饱满的福斯塔夫趾高气扬的样子！时间有限，这让我感到非常为难，因为我还有数十部戏剧想要看。

你们看得见的人们，能看到你们喜爱的任何一部戏。当你们观看一幕戏剧、一部电影或者任何一个场面时，我不知道，究竟有多少人能对它的色彩和动作的视觉奇迹有所认识，并为能亲眼看到而怀有感激之情呢？生活在一个只能通过手来感受的世界里，我不能享受到有节奏的动作美，只能模糊地想象一下巴芙洛娃那优美的步伐。虽然我只能感受到一点律动的快感，只能在音乐震动地板时感觉到它的节拍，但我能充分想象那有韵律的舞蹈，一定是世界上最悦目的美好。我用手指抚摸大理石雕像的线条，体验手指沿着纹理跳动的快感。仅仅是这种静态美就能让人那么兴奋，那能看到的动态美岂不是更让人如痴如醉？

我最珍贵的回忆之一，就是约瑟·杰弗逊让我在他表演他所爱的瑞普·凡·温克时去触摸他的脸庞上的表情和双手的动作，让我能多少了解一点戏剧世界。我永远不会忘记那一瞬间的喜悦。但是，我多么渴望在精彩的表演中能看到每个表演人的动作，听到他们的对白啊！而你们这些耳聪目明的人，该是多么的幸福啊！如果我能看到哪怕是一场戏，我就能在接下来的日子里在脑海中描绘出我用盲文读到或了解到的近百部戏剧了。所以，在我重见光明的第二晚，我又没办法睡觉了，整晚都在欣赏那些让我如痴如醉的戏剧文学。

第三天

　　最后一天的清晨，我将再一次迎接黎明，迫不及待地开始发现之旅。因为我相信，对于用心生活的人来说，每天的黎明都是一个新的开始。

　　按照之前我虚构的条件，这将是我迎接光明的第三天，也是最后一天。我不想将时间浪费在遗憾和缅怀里，因为还有太多的东西等我去发现。第一天，我将它奉献给了我的朋友还有那些陪我成长的宝贝。第二天，我看到了人类历史的变迁和自然的演变。今天，我将感受一下普通的生活，到那些为了生活而拼搏的人聚集的地方去。还有什么地方能像纽约一样适合观察人生百态呢？所以，这座城市成了我最终的目的地。

我将从长岛的佛拉斯特的小而安静的郊区出发。这里，环绕着绿色草地、树木和鲜花，房子整齐地排列着，房子里不时传出妇女和儿童快乐的笑声，非常幸福。这里是城里劳动人民的温馨家园。

我坐着车行驶在跨越伊斯特河的钢制带状桥梁上，对人类的力量和创造能力感叹不已。忙碌的船只在河中浩浩荡荡地行驶——灵活的快艇，慢悠悠、喷着鼻息的拖船。如果我以后看得见，我一定要经常来这里眺望这河中令人欢快的景象。我努力地向前眺望，在我面前耸立着的是整个纽约——一个仿佛从神话的书页中搬出来的奇妙城市。眼前的建筑让人震撼！那闪闪发光的教堂塔顶，辽阔的钢铁石头搭建的河堤岸坡，像极了诸神建造的宫殿。这幅生动的画面是几百万纽约平民中的一部分。我不知道，会有多少人回头看它一眼？只怕寥寥无几。对这个壮丽的风景，他们却看不见，是因为这一切对他们来说太过熟悉了吧。

我要以最快的速度登上纽约城最高的建筑物之一——帝国大厦的顶端。因为不久以前，我在那里凭借我秘书的双眼"俯视"过整座城市，我希望把我的想象跟现实做一下对比。而且我相信，展现在我面前的纽约景色一定不会令我失望，因为它对我来说是另一个奇妙的世界。

接下来，我开始观光这座城市。首先，我站在繁华的街角，看着来来往往的行人，试图凭借对他们的观察去揣度他们过着怎样的生活。看到他们脸上的笑容，我也会感到快乐；看到他们的神色坚定，我也会感到振奋；看到他们承受痛苦，我不禁内心充满同情。

我沿着第五大街漫步。茫然四顾，让焦距涣散，然后，我会看到一个万花筒般五光十色的绚丽景象。我相信，人群中的那些随着妇女

晃动的服装的色彩一定是一道让我无法心生厌倦的亮丽风景。然而，如果我能看得见，也许会像其他大多数女性一样，关注每条裙子的剪裁和样式，而对大量的灿烂色彩不怎么在意。而且，我也确信，我会成为一名爱逛街的女人。因为，观赏橱窗里精致而美丽的服饰一定会让我惊艳不已。

从第五大街起，我准备进行一番环城游览——到公园大道去，到贫民窟去，到工厂去，到孩子们玩耍的公园去。我还将参观外国人的居住区，这样我可以不出门就完成一次海外旅行了。我始终紧紧地注视所有幸福和悲惨的景象，这样我才能深入地了解人类的生活境遇。我的心中充满了人和物的形象。我的眼睛不会轻易地放过任何一件小事，密切关注着它所看到的每一件事物。有些场景令人愉快，使人陶醉；但是悲惨的画面却令人失望、沮丧。即使看到那些悲伤的画面，我也绝不闭上我的双眼，因为它们也是生活的一部分。在它们面前闭上眼睛，就等于选择了冷漠，关闭了思想。

光明之旅的第三天就要结束了。也许还有很多更加有意义的事情，需要我利用这剩下的几个小时去看、去做。但是，我可能会再次跑到剧院，去看一部妙趣横生的喜剧，感受一下人类精神世界中的喜剧色彩。

到了晚上，我短暂的光明之旅就要结束了。等待我的，又将是那永久的黑夜。在这短短的三天，我自然不能看到所有的一切事物。或许，只有在黑暗再次向我袭来之时，我才感到我还有多少东西没有见到。或许，我的内心充满了太多美好的回忆，够我用一生的时间反复地品味。此后，我摸到每一件物品，我的记忆都将鲜明地描绘出那件物品完美的形态。

这就是我关于如何度过我重获三天光明的故事，也许跟你假设自己剩下三天光明的安排不太一致。可是，我相信，假如你真的面临这种困境，你的目光会更加关注那些曾经被你忽略的事物，并将它们储存在你的记忆里，来度过日后无尽的漫漫长夜。你将比以往更加珍惜自己的眼睛。你所看到的每一件东西，对你来说都是那么弥足珍贵。你只想将你眼前的每一个事物尽收眼底。然后，你将真正看到一片崭新的美好世界。

　　失明的我想给那些看得见的人们一个警示，或者说是给那些能够充分利用视觉天赋的人们一个忠告：好好地对待你的眼睛吧，就好像明天你就再也看不见。同样的方法也适用于其他感官。聆听乐曲的妙音、鸟儿的歌唱、管弦乐队气势恢宏的曲调吧，就好像明天你就再也听不到。用你的双手去触摸你感受到的每一样东西，犹如明天你的触觉将会衰退。尽情地嗅闻每一朵鲜花的芳香，品尝每一口佳肴，就好像明天你就再也不能嗅闻品尝。请你充分利用每一个感官，真正地走进大自然。然后，一个丰富、立体的世界将会呈现在你的眼前。为世界向你展示的所有美好而令人愉快的感觉而自豪吧！不过，我始终相信，在所有感官中，视觉给人类带来的乐趣是其他任何感官所无法取代的。

我的生活故事

谨将此文

献给亚历山大·葛拉姆·贝尔博士

是您让聋哑人开口说话

是您让他们能用聆听的耳朵

听到从大西洋传到落基山脉的声音

第一章　诞生

　　我诚惶诚恐地撰写自己一生的经历。我有些迷信，踌躇着不敢揭开迷雾般围绕着我童年的罩纱。写自传本非易事。我想归类整理早年的印象，串联过去和现在的岁月，发现现实和幻想看来好像差不多。我以成年女子之身，凭借想象来刻画儿时的经验。我的人生初年有几个印象十分鲜明清晰，其他印象则罩着"囚笼的阴影"。何况，童年的许多哀乐已不再深切如昔。初期教育的许多重大事件，已

因后来大发现的兴奋而被抛到脑后。因此，为了避免太沉闷，我只以一连串小速写来刻画我觉得童年时最有趣、最重要的插曲。

我在一八八〇年六月二十七日生于美国亚拉巴马州北部的塔斯肯比亚小镇。

我的父系祖先是侨居马里兰州的瑞士人卡斯珀·凯勒。瑞士先祖中有人当过苏黎世市的首位聋哑教师，写过一本聋哑教育的书籍。虽然国王的先祖中难免有奴隶之辈，奴隶的先祖中也难免有王者，但这件事可真是非常独特的巧合。

卡斯珀·凯勒的儿子——亦即我的祖父——"进占"亚拉巴马州的大片土地，最后定居在亚拉巴马州。听说他每年都由塔斯肯比亚镇骑马前往费城为大农场采购补给品。姑姑手上有很多他写给家人的信。对于这些旅程，信中有着生动迷人的描写。

奶奶是拉法耶特将军手下的副官亚历山大·穆尔的女儿，也是早期弗吉尼亚殖民总督亚历山大·史波兹伍德的外孙女。她跟罗伯特·E·李将军是隔代的表兄妹。

家父阿瑟·H·凯勒是南方同盟军的上尉，家母凯特·亚当斯是他的第二任妻子，比他年轻得多。母亲的祖父班杰明·亚当斯娶了苏珊娜·E·古德休，在马萨诸塞州的纽伯瑞镇生活多年。他们的儿子查理·亚当斯出生在麻州的纽伯瑞港，后来搬到阿肯色州的海伦娜镇。南北战争爆发后，查理·亚当斯入伍南军，当上旅长，并且娶了露西·海伦·艾佛雷特为妻。露西·海伦·艾佛雷特跟爱德华·艾佛雷特以及爱德华·艾佛雷特·哈尔博士同属艾佛雷特家族。战争结束后，一家人搬到了田纳西州的孟菲斯城。

我在患病失去视觉和听觉之前，住在一栋小房子里，屋内有个方形大房间和一个佣人睡的小房间。南方人习惯在居室附近添盖一栋小房子，以供特殊场合使用。家父在南北战争后就建了一栋这样的房子，与家母结婚后双双住在里面。小屋整个被藤蔓、攀墙玫瑰和忍冬所覆盖。由花园看去，简直像一座凉亭。小小的门廊整个被黄玫瑰和南国天门冬遮住了。蜂鸟和蜜蜂最喜欢在那儿流连。

一家人居住的凯勒宅邸离我们的小玫瑰棚只有几级阶梯的距离。由于房子和四周的树木、篱笆都罩满美丽的英国常春藤，所以那儿被称作"藤绿斋"。这座老式花园是我童年的天堂。

老师来临前的日子，我常常顺着方方的硬黄杨树篱摸索，靠嗅觉找到最先开花的紫罗兰和百合。我发完脾气后，也常到那儿寻找安慰，将热烘烘的面孔藏在凉凉的树叶和草叶中。一个人躲进花园内，高高兴兴地由一个地点逛到另一个地点，然后突然碰见一条美丽的爬藤，凭着花叶认出这就是花园末端覆盖着倾颓凉亭的那种藤蔓，多么令人开心哪！这儿还有蔓生的铁线莲、下垂的茉莉和一种罕见的香花，因为脆弱的花瓣很像蝴蝶的翅膀，得名蝴蝶百合。不过，玫瑰花最可爱。我在北方的温室从来没找到过像南方家园的攀墙玫瑰那么迷人的玫瑰花。它们总是从门廊上呈花菜状一串串挂下来，使空气充满花香，不受世俗气味的污染；大清早花瓣上沾着露珠，摸起来好软好纯，让我忍不住暗想：这些花是否有点像上帝园中的水仙？

我生命的初期很单纯，跟别的小生命没有两样。我来，我见，我征服，家中的第一个宝宝大抵如此。为我取名字的事，照例经过了一番讨论。家中的第一个宝宝是不能随便命名的，每个人都强调这一点。家父说他敬重的一位先祖名叫密尔德瑞·肯培尔，建议我取这个名字，不肯进一步讨论。外婆闺名海伦·艾佛雷特，家母说她希望我能沿用外婆的名字，终于解决了争端。可是家父带我上教堂的时候，

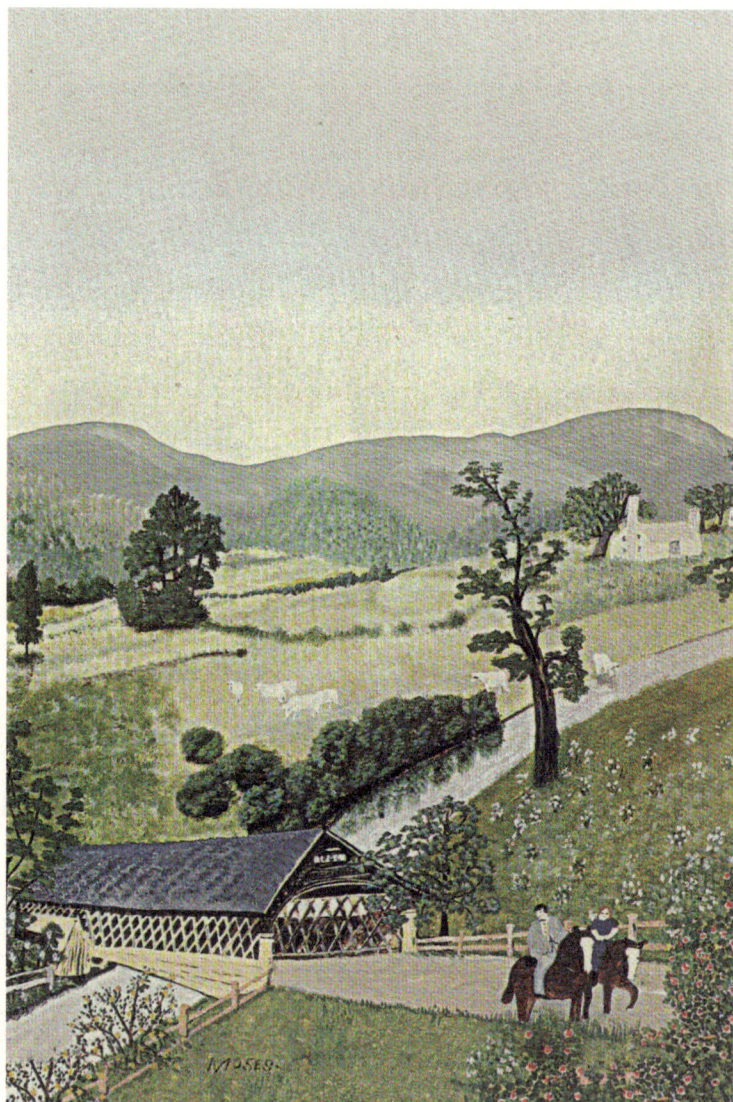

由于过度兴奋，在路上把这个名字忘掉了。因为这是他不愿参与讨论的名字，忘掉也很自然。牧师要他说名字，他只记得大家说好照外婆的名字命名，就说出了她婚后的姓名"海伦·亚当斯"。

听说在我还穿着婴儿长袍的时候，就表现出生性热切、喜欢自作主张的种种迹象。我看见别人做什么，一定坚持要学。我六个月大会说"How d'ye"？（你好）。有一天，我清清楚楚地说出了"tea，tea，tea"（茶），吸引了大家的注意。我生病后还记得头几个月学会的一个字，那就是"water"（水）。其他的话完全忘记之后，我还能继续发出这个字音。直到我学会了拼这个字，才不再发出"wah wah"的声音。

他们说，我满一岁那天开始走路。家母刚刚将我抓出浴盆，我抱在她膝上，突然被地板上晃动的阳光下树叶的影子吸引住了。我滑下家母的膝头，几乎是朝着叶影奔去。后来冲动一过，我便跌倒在地，哭着要她将我抱起。

幸福的日子并不长。短短的一个知更鸟和反舌鸟婉转轻唱的春天，一个盛产水果和玫瑰的夏天，一个金黄和艳红的秋天飞逝而去，在热切又开心的孩子跟前留下丰富的礼物。然后在阴沉的二月，一场大病夺去了我的视觉和听觉，将我掷回犹如新生儿的蒙昧之中。他们说病因是胃部和脑部急性充血。医生以为我无法存活。可是，有一天大清早，当初神秘兮兮突然来袭的高烧又突然神秘兮兮地退去。那天早上，家人欢欣鼓舞，可是没有一个人知道，我从此再也看不见、听不到了，连医生也没有想到。

　　我觉得，我对那场病仍有乱糟糟的记忆。我尤其记得我又痛又恼醒着的时候母亲温柔地安抚我。我半睡醒来，躲开以前热爱的光线，将又干又热的眼睛转向墙壁，而光线一天比一天模糊。当时，我感到多么难受和困惑。除了这些稍纵即逝的回忆——如果算回忆的话——一切都显得很不真实，像梦魇一般。我慢慢习惯了周遭的寂静和黑暗，忘记了以前不是这个样子，直到日后遇到解救我灵魂的恩师为止。但在我生命的头十九个月，我曾瞥见宽阔的绿野、明亮的天空、美丽的树木和花朵。后来的黑暗无法完全磨灭这一切。一旦我们曾经看见，那"白昼便属于我们，白昼所显现的一切也是我们的"。

第二章　淘气的孩子

　　我想不起生病后起初几个月的情形了，只记得我常坐在母亲膝上，在她忙家务的时候，我紧拉着她的衣服跟来跟去。我用手触摸每一件东西，观察每一个动作，就这样学会了不少东西。不久，我觉得有必要跟别人沟通，开始做出一些简单的动作。摇头表示"不"，点头表示"是"，拉扯表示"来"，推开表示"走开"。我若要面包，便模仿切面包抹奶油的动作。晚餐我若要母亲做冰淇淋，就做出启动制冰器的动作，并且摆出发抖的姿势，代表寒冷。不止这样，母亲让我明白许多事情。她希望我拿什么东西给她，我总能知道，我会跑到楼上或者她所指定的其他地方。说真的，漫长的黑夜若还有光明美好，都要归功于她的煞费苦心。

我对身边发生的许多事心知肚明。五岁时，我学会把洗衣房拿进

来的衣服折好、收好，而且我分得出自己和别人的衣服。我根据母亲和姑姑穿的衣服知道她们要在什么时候出去，我一定会恳求同行。客人来了，家人总会把我找来；客人告辞，我会向他们挥手。我含含糊糊记得挥手的意义。某一天，有位绅士来探望母亲，我感觉前门关上，还有其他动静，表示他们来了。我突然心血来潮奔上楼，大家来不及阻止，我已换上心目中的会客服。我照着以前从别人身上看到的样子，站在镜子前面用油抹脑袋，在脸上抹厚厚的粉。接着，我在头上别一块面纱，垂下来遮住面孔，落在肩头，然后在小腰肢上绑了个隆起的大褶子，垂在后方，几乎碰到裙摆。我就这副打扮下楼帮忙招待来宾。

我不记得什么时候发觉自己跟别人不一样，但在老师来临前我已经知道了。我注意到家母和朋友们要人家做什么的时候并不像我这样打手势，而是用嘴巴说话。有时候，我站在两个交谈的人中间，用手摸他们的嘴唇。我不懂，很懊恼。我拼命地动嘴唇，做手势，却没有结果。这样一来，我常常气得半死，又踢又叫，闹到筋疲力尽才肯罢休。

我不乖的时候，我想我是知道的，我知道踢保姆爱拉会令她难过。发完脾气，我有种类似后悔的感觉。但我不顺心的时候照样淘气，忘了什么时候曾因懊悔而忍着不犯同样的过失。

当时，我们家黑人厨师的女儿马莎·华盛顿和一头很会打猎的长毛猎犬贝拉经常跟我做伴。马莎·华盛顿明白我的手势，要她照我的意思做事一点也不困难。我很高兴对她作威作福，她大多数时候乖乖听我的，不想和我正面冲突。我刚强、活跃、不在乎后果。我深知自己的想法，总是我行我素，就算牙齿和指甲通通用上来打一架也不在乎。我们在厨房度过了不少光阴，捏面球，帮忙做冰淇淋，磨咖啡，吵架抢点心，喂蜂拥在厨房台阶四周的母鸡和火鸡。

其中很多只鸡非常温驯，肯从我手上啄东西吃，让我摸它们。有一天，一只大雄火鸡抢过我手里的西红柿便跑开了。我们也许是受到火鸡先生成功的鼓励，偷偷拿走了一块厨师刚撒上糖霜的蛋糕，带到柴堆吃了个精光。后来我身体很不舒服，心想：火鸡是否也得到了报应？

珍珠鸡喜欢躲在僻静的窝里。在高草丛中找珍珠鸡蛋是我最大的乐趣。我想找蛋时没法告诉马莎·华盛顿，但我会弓起双手放在地上，代表草丛里圆圆的东西。马莎总是懂我的意思。我们幸运地找到了鸡窝。我不准她把蛋拿回家，常做出强有力的手势，告诉她鸡蛋可能会不小心掉在地上摔破。

储存谷物的棚子、养马的马厩、早晚挤牛奶的院子在马莎和我眼中永远是趣味的源泉。挤奶工挤奶的时候，特别容许我把手放在母牛身上。我常因好奇而被牛尾痛扫几下。

准备过圣诞节时，我永远无比开心。我当然不知道怎么回事，但我爱闻屋里弥漫的香味，爱吃大人塞进我和马莎嘴巴里来图个清静的美味小点心。我们碍手碍脚，却完全无损我们的乐趣。大人容许我们研磨香料、挑拣葡萄干、舔搅拌匙。我挂袜子，因为别人都挂。但我

不记得我曾对这个仪式特别感兴趣，也不记得曾因好奇而在天亮前起床找礼物。

马莎·华盛顿跟我一样喜欢恶作剧。七月里一个炎热的下午，两名幼童坐在走廊台阶上。一个黑得像黑檀木，小撮小撮用鞋带绑的绒毛状头发由脑袋四处往外伸，像螺旋钻似的。另外一个是白人，有一头金色的长鬈发。一个只有六岁，另一个比她大两三岁。年纪小的孩子眼睛失明——就是我，另一个是马莎·华盛顿。我们正忙着剪纸娃娃。不过，我们很快就玩腻了，先是把鞋带剪碎，把够得着的忍冬叶子剪下。接着，我将注意力转向马莎头上的螺旋钻。她起先反对，最后还是顺服了。她觉得轮流交换才公平，就一把抢过剪刀，剪掉我的一撮卷发，要不是母亲及时干预，她可能会把我的头发全部剪光。

我的另一个玩伴"贝拉狗狗"又老又懒，宁可躺在火炉边睡大觉，也不喜欢跟着我嬉闹。我努力教它认识我的手势语言，但它很迟钝，又不专心。有时候，它惊跳而起，兴奋得发抖，然后完全僵住。犬类瞄准鸟儿的时候就是那个样子。当时我不知道贝拉为什么这样，但我知道它没照我的意思做。我发火了，这门课免不了以单方面的拳击赛收场。贝拉总是站起来，懒洋洋地伸伸腰，不屑地用鼻子吸一两下气，走到火炉另一侧再度躺下。我又累又失望，只好走开去找马莎。

早年的许多事情深印在记忆中，一件件虽然零碎，却十分清晰，使得那段没有声音、没有目标、没有白昼的日子的感觉更加强烈。

有一天，我不小心把水洒在围裙上，我把它摊在客厅摇曳的炉火边烘烤。我嫌围

裙干得不够快，就靠近一点，把它扔在热烘烘的灰烬上。炉火烧旺起来，火焰围绕在我身边，我的衣裳霎时着火了。我受惊叫嚷，老奶妈温妮立刻赶来相救。她用一条毯子盖住我，差一点把我闷死，火倒是熄灭了。除了双手和头发，我受的伤不重。

大约是在那段时期，我发现了钥匙的用法。有一天早晨，我把母亲锁在餐具室。由于佣人都在另一个与屋子分开的地方，使她被迫在餐具室待了三个小时。她不断捶门，我坐在外面门廊的台阶上，感觉

到门板受捶的震动，笑得很开心。这次淘气的恶作剧使得父母明白我必须尽快接受教导。老师莎莉文小姐来教我之后，我很快就找到机会将她锁在房间里。我拿着一件母亲要我交给莎莉文小姐的东西上楼，一交给她，便马上关门上锁，把钥匙藏在大厅的衣橱底下。不管大人们怎么劝诱，我都不肯说出钥匙在什么地方。父亲只得找个梯子，带莎莉文小姐爬窗出来——我开心极了。过了好几个月我才交出了钥匙。

五岁左右，我们家由罩满爬藤的小房子搬到一座很大的新房子。

我们一家包括父亲、母亲和两位同父异母的哥哥，后来还添了小妹密尔德瑞。我对父亲最早的清晰的记忆，是我穿过大大的报纸堆来到他身边，发现他独自一个人，拿着一张纸举在面孔前方。我满心疑感，很想知道他在做什么。我模仿这个动作，甚至戴上他的眼镜，以为这样就能解决个中的奥秘。但我好几年都没查出这个秘密。后来，我才知道那些纸是什么，也知道其中一份报纸是家父编的。

家父十分慈爱和宽容，忠于家庭。除了狩猎季，他很少离开我们。听说他是个了不起的猎人，而且是出名的神射手。他对狗和枪的热爱仅次于家人。他十分好客，简直有点过度，回家很少不带客人。

据说，他在大园子里种了乡间最好的西瓜和草莓。他特别以自己的园子为荣，总把最先成熟的葡萄和最棒的草莓拿给我。他牵着我从一棵树走到另一棵树，从一条藤蔓走到另一条藤蔓。我忘不了他充满爱怜的触摸，以及他对我喜欢的东西所表现出的热切和喜悦。

他是个有名的说故事能手。当我学会语言之后，他常笨手笨脚地在我手上拼字，讲述他最棒的趣闻轶事。而最让他高兴的事莫过于叫我在恰当时机复述一遍。

一八九六年我在北方享受美丽的残夏时，忽然听到了父亲去世的消息。他患病时间很短，承受了短暂而剧烈的痛苦，然后就走了。那是我人生第一件悲哀的经历——我第一次切身体验亲人的死亡。

我要怎么描写母亲呢？她跟我太亲近了，谈论她简直有点失礼。

有很长的一段时间我把我的小妹当作不速之客。我知道我不再是母亲唯一的宝贝，想起来总叫我嫉妒万分。她经常坐在我以前坐的母亲的膝头，她似乎占据了母亲所有的注意力和时间。有一天发生了一件事，让我觉得不只受到了伤害，还受到了侮辱。

当时，我有一个饱受宠爱却也饱受虐待的洋娃娃，后来我给她取名叫南茜。我一发脾气就拿她当出气筒，疼爱起来却又没轻没重，所以她破损得厉害。我还有一个会讲话、会哭、会开眼闭眼的洋娃娃，但我最爱的还是可怜的南茜。她有个摇篮，我常花一个多小时哄她摇她，对南茜和摇篮看守得十分细心。可是，有一次我发现小妹妹安详地睡在摇篮里。这个我还没什么情感的小东西如此放肆，我觉得非常生气。我扑向摇篮把它翻倒，要不是母亲在她摔下来的那一刻接住了她，可能她已经摔死了。我们走在双重孤寂的幽谷中，不太知道亲密的言行和友谊所能产生的温柔情愫。可是后来，我恢复了人性的传承，密尔德瑞和我渐渐相知相惜，虽然她不懂我的手语，我也不懂她的儿语，但我们兴起时手牵手就心满意足了。

第三章　从黑暗到光明

此时，我的自我表达愿望越来越强。我使用的寥寥几个手势和动作越来越不够用，每次有人不懂我的意思，我一定爆发强烈的情绪。我觉得仿佛有一双看不见的手拉住了我，我拼命想挣脱出来。我猛烈挣扎——倒不是挣扎有什么用处，而是我体内的抗拒精神太强了。我常常忍不住落泪，身心俱疲。如果母亲刚好在附近，我会爬进她怀里，难过得甚至想不起暴风雨的起因。一段时间过后，沟通

方法的需求变得十分殷切，闹脾气的事天天发生，甚至每个小时都可能发生。

我的父母深感悲伤和为难。我们住的地方离启明或启聪学校很远很远，要找人到塔斯肯比亚这么偏僻的地方来教一个失明又失聪的孩子似乎不太可能。

说真的，有时候亲友们甚至怀疑我不可能受教育。母亲的一线希望来自狄更斯的《美国笔记》。她读过狄更斯描写劳拉·布里吉曼的文字，依稀记得劳拉·布里吉曼失明又失聪却受过教育。但她也记得发现盲哑教育方法的霍威博士已去世多年，所以感到无奈和痛楚。霍威博士的方法说不定已随着他消逝了。就算没有，一名亚拉巴马州偏远城镇的小女孩又如何接受教育呢？

在我六岁左右时，父亲听说巴尔迪摩有一位卓越的眼科医生医好了不少看来无望的病例。父母立刻决定带我到巴尔迪摩，看看能不能设法医治我的眼睛。

那次旅程我记得很清楚，相当愉快。我在火车上跟很多人交上了朋友。有一位女士送了我一盒贝壳。父亲在贝壳上打洞，让我用线串起来，我为此高兴和满足了好一段时间。车长也很和气，他例行巡视、收票剪票，我常抓着他的大衣下摆跟来跟去，他把打洞机借给我玩，于是打洞机变成一件讨人喜欢的玩具。我蜷缩在座位的一角，在小块小块的硬纸板上剪洞自娱，一连玩了好几个小时。

我姑姑用毛巾给我做了一个大洋娃娃。这个洋娃娃很滑稽，奇形怪状，没有鼻子、嘴巴、耳朵或眼睛——连小孩子的想象力都没法把它当作一张脸去对待。说也奇怪，缺眼睛比其他缺憾统统加起来还要让我在意。我一再向每个人指出这一点，但似乎没有人能完成给洋娃娃装眼睛的任务。我突然想起一个巧妙的点子，问题便解决了。我把座位翻起，在底下胡乱地搜寻，终于找到了姑姑镶有大珠子的斗篷。我拔下两颗珠子，要她把珠子缝在洋娃娃脸上。她拉起我的手去摸她的眼睛表示询问，我拼命点头。珠子缝到了正确的位置，我乐不可支。可是，不久我就对这个洋娃娃失去了兴趣。整个旅程中我没发过一次脾气，能叫我脑袋和手指忙碌的事情太多了。

我们抵达巴尔迪摩，契斯霍姆医生客客气气地接待了我们，但他表示无能为力。他建议让我受教育，并劝家父去请教华盛顿的亚历山大·葛拉姆·贝尔博士，说此人可提供失聪失明儿童的学校和教师等信息。我们遵照医生的劝告，立刻到华盛顿去见贝尔博士。家父内心哀伤，疑虑重重。我对他的痛苦一无所觉，只觉得从一个地方转往另一个地方很刺激，能从中找到不少乐趣。我虽然是小孩，却也立刻感受到了贝尔博士的温柔和同情心，难怪他除了拥有令人钦佩的了不起的成就外，也深得很多人的爱戴。他把我抱在膝上，让我把玩他的钟表，并特意为我敲钟摆。当我知道了他懂得我的手势和动作，便立即对他产生了好感。但我做梦都没想到，那次会面竟会成为我由黑暗进入光明，由孤寂进入友爱、交谊、知识与爱的门径。

贝尔博士劝家父写信到霍威博士为盲人尽力服务的地点——波士顿

柏金斯启明学校，询问校长安那诺斯先生手下有没有老师能教我起步学习。家父立刻照办。几周之后安那诺斯先生客客气气地回函，表示已找到老师，让我们安心，时值一八八六年夏天。但莎莉文小姐直到次年三月才抵达我的住处。

就这样，我仿佛走出了埃及，站在西奈山前，有神力触碰我的灵魂，赐予我清明的视野，让我得见许多奇迹。我听见圣山传来一个声音说："知识是爱、是光、是愿景。"

第四章　莎莉文老师

　　我记忆中一生最重要的日子是安妮·曼斯菲尔·莎莉文老师来到我身边的那一天。想到那天所串联的两个生命间无法衡量的相遇，我便赞叹不止。时值一八八七年三月三日，亦即我七岁生日的前三个月。

　　那个大日子的午后，我站在门廊上无言期待着。我从母亲的手势和屋里人来人去的匆忙景况依稀忖测有什么不寻常的事要发生了。于是，我走到门口，在台阶上等候。午后的阳光穿透门廊外密密的忍冬丛，落在我仰起的脸蛋上。我的手指不自觉地抚弄着熟悉的叶子和刚长出来迎接南国春晓的花儿。我不知道未来有什么奇迹或惊喜等着我。几周以来，我频频遭受愤怒和幽怨之苦，激动的挣扎之后总是深感倦怠。

你可曾在雾蒙蒙的大海上，感到触手可及的、纯粹的黑暗整个包围着你，紧张焦虑的大船以铅锤和测深绳向岸边的方向摸索，而你的心脏怦怦跳着等待某件事发生？我开始接受教育之前就像那艘船，只是我既没有罗盘又没有测深绳，也不知道港口在多远的地方。"光明！给我光明！"是我灵魂无声的呐喊。就在那一刻，爱的光明照上我身。

我感觉有脚步走近。我像对母亲一样往前伸手。有人握住我的手，将我抱进怀中，她就是来向我展现一切，更是来爱我的恩师。

老师在来的第二天早晨，特地带我进她房间，送给我一个洋娃娃。这个娃娃是柏金斯学校的小盲童们寄来的，由劳拉·布里吉曼为它穿衣打扮而成。但我后来才知道这件事。我跟洋娃娃玩了一会儿。莎莉文小姐慢慢在我手上拼出"洋娃娃"（doll）一字。我立刻对这种手指游戏产生兴趣，设法模仿。当我终于正确拼出这些字母，我既高兴又自豪，羞红了脸。我下楼去找母亲，伸手拼出"洋娃娃"的字母。我不知道我正在拼字，甚至不知道有那个字存在，只是像猴子学把戏一般动着手指头。接下来几天，我在不懂意思的情况下学会了拼许多字，包括"针"（pin）"帽子"（hat）"杯子"（cup）和

"坐"（sit）"站"（stand）"走"（walk）等少数动词。跟老师在一起好几个礼拜，我才了解原来每样东西都有个名字。

那天，我正在玩新洋娃娃，莎莉文小姐把我的破布大娃娃也放在我膝上，拼出"洋娃娃"一字，想让我明白两者都叫"洋娃娃"。之前稍早些时候，我们曾为"水杯"（mug）和"水"（water）二字纠缠过。莎莉文小姐想让我明白"mug"就是水杯，"water"就是水，但我一直弄混。她灰心了，暂时撇下这个题目，等以后有机会再重新尝试。我为她的反复尝试感到不耐烦，抓起新洋娃娃，向地板砸去。当我感到洋娃娃的碎片落在跟前，心里痛快极了。发完脾气之后，我既不伤心也不后悔。我根本不爱这个洋娃娃。我所生活的黑暗、沉寂的世界没有强烈的感伤或柔情。我感觉到老师把破洋娃娃扫到火炉边，心想害我难堪的原因消除了，感到很满意。老师把我的帽子交给我，我知道我将要出门，到温暖的阳光下。这个念头——如果无言的感觉也能叫作"念头"的话——让我高兴得雀跃不已。

我们沿着小径走到水井屋，被覆在屋墙上的忍冬的香味吸引住了。有人正在抽水，老师把我的手放在管口下。当清凉的水柱喷上一只手，她在我的另一只手上拼出"水"字，起先慢慢来，接着拼得很快。

我静静地站着，注意力完全集中于她手指的动作。突然间我朦朦胧胧意识到一件已经被我遗忘的事——一阵重新勾起的思绪：不知怎么，我竟突然体悟到了语言的奥秘。于是，我知道"水"（water）就是指流过我手上的美妙而清凉的东西。那个活生生的字唤醒了我的灵魂，为我带来光明、希望和快慰，并且让我重获自由！不错，虽然仍有障碍存在，但障碍会随着时间被清除。

我走出水井屋，一心想学习。万事万物都有个名字，每个名字都能衍生出一种新思绪。回到屋里，我摸到的每样东西仿佛都活跳跳

的、充满生机。我用突如其来的奇特的新眼光来看待一切。进门之后，我想起了我弄坏的洋娃娃。我摸索到火炉边，捡起破片，想重新拼合回去，却拼不起来。此时，我热泪盈眶：我幡然领悟到自己做了什么事，第一次感到后悔和哀伤。

那天，我学了很多新字。我不记得是哪些，不过我知道其中包括"母亲""父亲""妹妹"和"老师"——这些字促使世界为我开出灿烂的花朵，"像带有鲜花的亚伦神杖"。意义重大的一日将尽，我躺在小床上，感受着心头的喜悦，平生第一次渴望新的一天降临。世上大概很难找到比我更高兴的小孩了。

第五章　暴风

　　我回忆起一八八七年夏天我的灵魂突然苏醒后的许多事情。我整天用手探索，摸到每一样东西都努力学它的名称。我越触碰物品，学习其名称和用处，跟世上万事万物的亲切感就越加昂扬和肯定。

　　雏菊和毛茛的季节到了。莎莉文小姐牵着我的手走过人们准备播种的田野，来到田纳西河岸。我坐在暖洋洋的草地上，首次感受到大自然的慷慨大方。我得知太阳和雨水怎么样使地里长出一棵棵好

MOSES,

看又可供鸟兽食用的树木，各地的鸟儿怎么筑巢过活，松鼠、鹿、狮子和其他动物怎么找寻食物和栖身的地方。随着知识量渐渐增长，我越来越能感到周围世界的乐趣。远在我学会做算术或者描述地球的形状之前，莎莉文小姐已教我从芳香的树林、每一片草叶、妹妹手上的弧度和涡纹中找到美感。她使我早期的思绪跟大自然联结，让我感觉"花鸟和我是快乐的伙伴"。

大约此时，我经历到了一件事，才知道大自然未必永远和蔼可亲。有一天，我和老师去长途散步。早晨的天气很好，可在我们往回走的时候却变得又暖又闷。我们几度停在路边的树下休息，最后一次停在了离家不远的一棵野樱桃树下。树荫怡人，树干很好爬，我靠老师扶持爬上了枝丫间的一个座位。树上很凉爽，莎莉文小姐建议在那儿吃午餐。她到屋里去拿午餐，我答应静坐不动地等她。

树上突然起了变化。空气中完全感受不到阳光的暖意。我知道天空一定黑漆漆的，因为在我心目中，代表光明的热度已在大气中消失。地面冒起一种古怪的气味。我认识这种味道，是雷雨前经常有的气味，无名的恐惧涌上心头。离开了亲友，也离开了坚实的地面，我感到孤零零的。浩瀚的未知力量包裹着我，叫人发寒的恐惧传遍全身。我静止不动并期盼着、渴望着老师返回，尤其是想从树上爬下来。

先是一阵阴森森的寂静，然后树叶像千军万马般摇晃不停。树木在颤抖，疾风吹来，要不是我全力抓紧树枝，一定会被刮落到地上。树身摇摆扭曲，小枝子啪的一声折断，如阵雨般落在我的四周。我好想往下跳，却吓得一动也不敢动。我蹲在树枝交叉处。树枝在四周刮来刮去。我感受到一阵一阵的断断续续的震动，仿佛有什么重重的东西掉落下去，震动往上传，直达我所坐的枝干。在我焦虑到极点，以为我会和树木一起倒地时，老师及时抓住了我的手，扶我下来。我抓紧她，再度感受到大地在我脚下的滋味，高兴得发抖。我学到了新的教训——自然女神"公然向子民宣战，柔柔的触摸下隐藏着阴险的魔爪"。

　　有了这次的经验，我很久不敢再爬树，想起来就觉得恐怖。最后，是开满鲜花的金合欢树甜蜜的诱惑战胜了我的恐惧感。某一个美丽的春晨，我独自待在夏日凉亭阅读，依稀察觉空中有种美妙的幽香。我一跃而起，不自觉地伸出双手。春天的精灵好像穿梭在夏日凉亭。我问道："这是什么？"接着，我马上认出金合欢花的香味。我摸索着走到花园尽头，知道金合欢树离围墙很近，就在小径转角。不错，就在那儿，整棵树在温暖的阳光下颤抖，花开累累的树枝快要碰到高高的草茎了。世上可有比这更优美的东西？细密的花朵畏畏缩缩怕染尘俗，活像是天堂的树移植到了凡间。我穿过如雨纷落的花瓣来到树干前，一时站立着，犹豫不决。然后，我把脚放在分叉的枝丫之间的宽广空间，直起身子爬到树上。树枝很大，树皮磨痛了我的双手，很难扶稳。但我觉得自己正在做一件不寻常的事，感觉很妙，所以越爬越高，终于爬上一个小座位——不知这位子很久以前由谁搭造，它早已成为了树身的一部分。

　　我静坐良久，觉得自己像坐在绯红云端的仙女。此后，我常在我的天堂树上思索些美好的事，做些光明的梦，度过许多快乐的时光。

第六章　曙光

　　如今我握有一把语言的钥匙，很想学会使用。听觉正常的小孩不需特别吃力就能学会语言，别人唇边落下的字句他们快快乐乐地凌空抓取；失聪的小孩却必须以缓慢又辛苦的过程去捕捉语言的钥匙。无论过程如何，结果倒是妙极了。我们由指出物品的名称开始，逐步前进。起先，我只会一个结结巴巴的字母，后来竟能表达莎士比亚名句中的磅礴理念。其间的进步，不是道理可以讲明的。

起先老师告诉我新的事物，我很少发问。我的概念模糊，词汇不足。但随着知识量一天天地增长，我学会的字越来越多，发问的领域也加宽了，常常一再回到同一题材，想求得进一步的知识。有时候，新词汇能够唤醒早期经验在我脑海中刻下的印象。

我记得，有一天早晨我首次问起"爱"字的含意。当时，我认识的字还不多。我在花园里发现几朵早开的紫罗兰，就带给老师看。她想吻我，可当时我不喜欢母亲以外的人的亲吻。莎莉文小姐轻轻伸手环抱我，在我手上拼出"我爱海伦"这几个字。

"爱是什么？"我问道。

她把我拉近她身边，说："在这里。"并指指我的心脏。我第一次察觉心跳的存在。她的话让我十分不解，因为当时我一定要碰到具体的东西才能懂它的意思。

我闻闻她手上的紫罗兰，一半用词汇一半用手势发问："爱是花儿的香味吗？"

老师说："不是。"

我重新思索。温暖的阳光照在我们身上。

"是不是爱？"我指指热气射下来的方向问道，"这是不是爱？"

我总觉得不可能有比暖洋洋的促成万物生长的太阳更美的东西了。可是莎莉文小姐摇了摇头。我感到非常的困惑与失望。老师居然没办法向我指明"爱"是什么，真奇怪。

过了一两天，我正在串联一组组对称却大小不一的珠子。例如，

将两粒大珠子和三粒小珠子串成一组之类的。我多次犯错，莎莉文小姐耐心地一次又一次地指出来。后来，我发觉顺序方面有明显的错误，开始专心注意这个教训，试着思索珠子要怎样排列。莎莉文小姐摸摸我的额头，用力拼出"想"字。灵光一闪，我突然明白这个字是指我脑袋中进行的过程。这是我第一次领悟到抽象的概念。

我静默良久——不是思索放在腿上的珠子怎样排列，而是想以这项新观念来找寻"爱"的含意。一整天，太阳罩着云层，还有短暂的阵雨。可是南国的太阳突然间露出来，光芒万丈。

我又问老师："这不是爱吗？"

"爱像日出前天空里的云。"她答道。她用比较简单的字句解释下面这番道理，而当时我还不懂这么多。"你知道，云是摸不到的。可是你能感觉得到下雨，知道大热天之后花儿和口渴的地面多么高兴有雨。爱也是摸不到的。不过，你感觉得到爱给每样东西注入了甜蜜。没有了爱，你不会快乐，也不想玩。"

我突然想通了美妙的真理——我觉得我的心灵和别人的心灵之间有隐形的线联结着。

从我开始受教育，莎莉文小姐就把我当作听力正常的孩子跟我说话。唯一的差别是她不用嘴讲，而是把字拼在我手上。如果我不会表达想法所需的词汇和惯用语，她便替我补充。我这一头的对话跟不上时，她甚至会重新建议谈话的内容。

这种过程持续了好几年。因为失聪的孩子一个月内甚至两三年内无法学会简单的日常会话所使用的许多惯用语和措辞。听得见的小孩靠不断地重复和模仿学会这些。他听见的谈话激发了脑力，提供了话题，唤起他自发地表达心中的想法。失聪小孩是享受不到这种自然的互换过程的。老师体会到这一点，决定为我提供我所缺乏的刺激。她尽可能一字不漏地向我复述她听到的话，而且让我知道，我可以参与交谈。但过了很久，我才敢采取主动。又过了漫长的时间，我才能在恰当的时机想出恰当的话来说。

失聪者和失明者很难学会谈话的礼节，既失聪又失明的孩子更是困难万分！他们分不清音调的高低，若无外力协助，无法通过提高或压低音域来表达字句的含意，也无法观察说话者的表情。其实，眼神往往才是话语的精髓呀！

第七章　学校的课程

    我下一个重要的学习步骤是阅读。我学会拼几个字之后，老师马上给我一些凸出的字母印成的生字硬纸板。我很快得知每一个字代表一项物品、动作或特质。我有一个框框，可以把字排成短句，但我将句子放进框框之前，习惯以实物来造句。例如：我找到代表"洋娃娃""是""床""上"的纸条，就把每个名称放在实物上；然后，将真洋娃娃摆在床上，将"是""床""上"等字放在洋娃

娃旁边。这样既能以字造出句子，又能以东西本身实现句中的意思。

　　莎莉文小姐告诉我：我曾在某天把"女孩"一词别在围裙上，然后站进衣橱里，并在架子上排出"是""衣橱""内"等字。我最喜欢这种游戏了。老师和我一次能玩好几个小时。屋里的东西常常排成代表实物的句子。

印字的纸板和印刷的书籍之间只有一步之隔。我拿起初学者读本，找寻我认识的字，找到的快乐不亚于玩捉迷藏。就这样，我开始读书。至于开始读连贯故事的那段时间，我随后再谈。

我长时间没能固定上课。即使我非常认真地学习，也像是在游戏而不像在用功。莎莉文小姐无论教我什么，都以美丽的故事或诗歌来举例说明。若有什么东西讨我欢喜或勾起我的兴趣，她就会跟我讨论，活像她自己也是个小女孩似的。许多小时候想起来就满怀畏惧的事情，例如需要苦记的文法、艰深的算术、深奥的定义等，在今天，已经成为我最珍贵的回忆。

也许是长期跟盲人交往的原因，莎莉文小姐对于我的快乐和愿望的了解程度，远非我所能解释。除此之外，她还有美妙的描述能力。她能迅速略过无趣的细节，从来不拿问题来烦我，试探我是否记得前一天的课程。她以渐进的方式为我引介枯燥的科学技术问题，使得每一个题材都栩栩如生，我自然就记下了她教的东西。

我们在户外阅读和用功，宁可选择阳光照耀的林子也不愿选室内。我早期上的课都蕴含着树林的气息——松针好闻的树脂味夹杂着野葡萄的芬芳。我坐在野鹅掌楸的树荫下，得知万事万物皆含着教训和提示。"万物迷人，教我认识它们所有的用处。"说真的，凡是会哼哼叫、嗡嗡响，或者会唱歌、能开花的东西，都参与了我的教育——呱呱叫的青蛙、螽斯和蟋蟀待在我的手上，直到它们忘记了尴尬，婉转地发出又高又尖的音符，还有毛茸茸的小鸡和野花、山茱萸、草地紫罗兰以及正在发芽的果树。我摸过进裂开的棉花荚壳，用手指轻触柔软的棉纤维和绒毛种子；我感觉风飕飕地穿过玉米茎，长叶子沙沙作声；我们在草地上逮到我的小马，把草衔放进它嘴里，它发出愤怒的闷哼，我也感觉得到——啊，老天！它那带有苜蓿味的刺鼻的呼吸我记得好清楚！

有时候，我黎明即起，悄悄走进园中，青草和鲜花上还沾着浓浓的露水。很少有人知道将玫瑰柔柔压入手掌的感觉是多么让人愉快，百合在晨风中摇摆的美丽动作又是多么的迷人。有时候，我在自己采的花朵中逮到一只昆虫。小家伙察觉到外来的压力，一双翅膀突然吓得揉在一起，那微弱的鼓噪我也摸得出来。

七月初，水果成熟的果园是我喜欢出没的另一个地点。毛茸茸的大桃子伸进我手里，怡人的和风在树木四周飞舞，苹果滚落到我跟前。噢，我用围裙兜起水果，面孔贴着阳光下暖洋洋的光润的苹果雀跃回屋内，真是开心极了！

我们最喜欢走到凯勒氏码头，那是田纳西河边一处摇摇欲坠的旧木材码头，南北战争期间曾被士兵用来登陆。我们在那边度过不少快乐的时光，还玩起了学地理的游戏。我筑起鹅卵石的石坝，做小岛和小湖，挖河床，都是为了好玩。我做梦都没想到这是在上课。莎莉文小姐向我描述整个大世界和世上冒火的山丘、埋在地底的都市、活动的冰河和其他许多奇异的事物，我听着听着，越来越充满赞叹。她用黏土做凸版地图，让我摸得到山脊和幽谷，以手指追踪迂回的河道。这我也喜欢。不过，地球上分为好几个气候带和南北极却令我搞不清楚，深觉困扰。解说用的细绳和代表南北极的橙木棒显得好真实。直到今天，只要提起气候带，我还会想起一连串捻线圈圈。我想：若是有人存心骗我，我会相信白熊真的能爬上代表北极的棒子哩！

算术好像是我唯一不喜欢的课程。从一开始，我就对数字科学不感兴趣。莎莉文小姐把珠子串成一组一组的来教我计算，我排着幼儿园的麦管学习加减。我一次至多只能耐心排出五六组。完成这个数量之后，我当天就安心了，赶快出门找玩伴。

我研读动物学和植物学也同样优游自得。

　　有一次，有位名字已被我忘记的先生送我一套化石，包括花纹很美的小软体动物的壳、小块有鸟爪纹和浅浮雕羊齿纹的砂岩等。这些东西像一把钥匙，为我开启了《圣经》中大洪水时代以前世界的宝

藏。我以战栗的手掌"聆听"莎莉文小姐描述古代践踏原始森林、扯下巨树树枝当食物、死在未知时代的阴郁沼泽、名字粗鲁拗口的可怕兽类。有一段漫长的时间这些怪物老在我的梦里出现，而那段阴森森的时期构成的昏暗的背景，把充满阳光和玫瑰、回响着小马蹄轻踏声的快活的"此刻"烘托得分外光明。

还有一次，有人送我一个美丽的贝壳，我怀着孩童的惊喜得知小软体动物如何筑好亮亮的圈圈当住所，在没有风吹动浪花的静夜，鹦鹉螺又是如何乘着它的"珍珠船"在印度洋的蓝色水面航行，小水螅如何在惊涛骇浪中建筑美丽的太平洋珊瑚小岛，而有孔虫制造了许多陆地的白垩山丘。当我学会了许多大海子孙生活和习性方面的趣味知识，老师便向我转读《鹦鹉螺》一书，让我明白软体动物筑壳的过程象征着心智的发展。正如鹦鹉螺那制造奇迹的套膜把它从水里吸收的物质转化成自己身体的一部分，人所收集的点滴知识也经历了同样的变化，变成思想的珍珠。

植物的生长也是很好的课程内容。

我们买了一株百合，放在向阳的窗户内。不久，绿绿尖尖的芽苞就露出绽放的征兆。外侧如手指状的细叶子慢慢张开，我想它们可能是不太情愿展露深藏的美姿。一旦起了头，绽放的过程便持续下去，速度快却井然有序、条理分明。总有一个芽苞比其他的硕大美丽，更壮观地把她外面的罩子往后卷，活像身披柔软丝袍的美人儿知道自己是天赋神权的百合皇后。胆怯的姐妹们则害羞地脱掉绿色的头巾。最后，整株植物都挂满了又美又香、频频点头的花姑娘。

有一次，放满植物的窗户里摆了一个玻璃钵，内有十一只蝌蚪。记得我当时一心一意发掘跟它们有关的事，非常热切。我把手伸进钵内，感觉它们来去嬉游，让它们在我手指间钻来钻去，真是好玩极了。一只野心较大的家伙跳出了圆钵边缘，掉在地板上。我发现它好像死了，只有尾巴的蠕动显得有点生机。可是，它一回到原来的环境，便立刻冲到钵底，活跃地游来游去。它已纵身跳跃，见过大世面，甘于留在倒挂金钟树下美丽的玻璃屋内，直到神神气气地变成青蛙为止。届时，它会改住在花园末端绿叶成荫的水池里，以古怪的情歌将夏夜点缀得音乐悠扬。

就这样，我从生命本身学习。起先，我只是一个有许多潜能的孩子，是老师发现并开发了这些潜能。她来了以后，我的一切都散发出爱和欢乐的气息，充满意义。此后，她便把握每一个机会指出万事万物的美，而且她不断以思想、行动和榜样来使我的人生甜美有意义。

老师卓越的才华、敏感的同情心、煞费苦心的机智使我受教育的头几年非常美好。因为她总能把握恰当的时机传授知识，所以知识在我心目中十分容易接受。她发觉小孩的心智像浅浅的小溪，高高兴兴地掀起涟漪，流过教育的嶙峋河道，在这边映出一朵花，在那边映出一株矮树，在远处映出一朵羊毛般的白云。她设法引导我的心智往前走，就像小溪注入了山涧和隐泉的水，慢慢变宽形成深河，在平静的表面映照出起伏的山丘、树木和蓝天的亮影，以及一朵小花甜蜜的笑靥。

任何老师都有办法把小孩带进教室，但不是每个老师有办法使他学会东西。除非他很自觉，忙闲由他，他有充分的自由，否则他不会高高兴兴地用功的。他必须先感受到胜利的兴奋和失望的灰心，才能自愿地承担他觉得无趣的任务，决心勇敢地忍受教科书的沉闷老套。

老师跟我很亲近，我很少单独想到自己而不想起她。我对美丽万物的喜悦，有多少是与生俱来，有多少是受她影响，我自己也弄不清楚。我觉得她的存在与我的存在密不可分，我生命的脚步在她的脚步里。我身上最好的一切都属于她——我没有一项才华、一个灵感或一种快乐不是靠她充满爱的触摸唤醒的。

第八章　圣诞节

　　莎莉文小姐光临塔斯肯比亚后过的第一个圣诞节，场面非常隆重。家里的每个人都为我准备了惊喜的礼物，但最让我高兴的莫过于跟莎莉文小姐一起准备令人意外的礼物送给大家。跟礼物有关的谜团是我最大的快慰与娱乐。亲友们借暗示和拼出一半的字句拼命激起我的好奇心，又假装及时停止。莎莉文小姐和我持续玩一种猜谜游戏。游戏中我学会了不少语言的用法，远比在固定的课程中学得多。我们每天傍晚坐在炽热的柴火边猜谜，越临近圣诞节感觉越刺激。

圣诞夜，塔斯肯比亚的小学生们布置了一棵圣诞树，邀请我一起过节。美丽的树屹立在教室中央，亮灿灿地在柔光中闪烁，树枝上缀满奇特又美妙的果实，那是至高无上的幸福时光。我欣喜若狂地绕着树舞动和跳跃。当我得知每个小孩都有礼物，我好开心！准备圣诞树的好心人特别准许我发礼物给小朋友。我兴致勃勃地做这件事，没有时间停下来看我自己的礼物。等我准备看礼物的时候，对真正的圣诞节早已等得不耐烦了，几乎控制不住满腔的焦急。我知道，我已拥有的礼物不是亲友们用逗弄的口吻所暗示的那些。老师说我将要得到的礼物甚至更好。不过，大人们说服我先拿树上的礼物就好了，其他的等第二天早晨再说。

那天晚上，我挂出袜子，清醒地躺了好一段时间，假装熟睡，等着看圣诞老人来了以后会做些什么。最后，我终于抱着一个新洋娃娃和一只白熊睡着了。

第二天早晨，我以第一声"圣诞快乐"唤醒全家。我不但在袜子里找到了礼物，连桌上、椅子上、门口和窗台上都有！说真的，我几乎每走一步都会碰到一件包装精致的圣诞物品。等到老师送给我的一只金丝雀，我的幸福之杯满到了极点。

"小汤姆"好温驯，常跳到我手指上，吃我手上的樱桃蜜饯。莎莉文小姐教我全心照顾这只新宠物。每天早晨，我吃完早餐就准备为它洗澡，把它的笼子弄得干净清爽，在它的杯子里放新鲜的种子和从

水井屋拿来的清水，还在它的秋千上挂一丛繁缕草。

　　有一天早上，我去拿水给它洗澡，把鸟笼留在窗台上。我回来打开门的时候，依稀觉得有一只大猫掠过我的身边。起先，我没发觉出了什么事，可是当我把手伸到笼子里，"小汤姆"漂亮的翅膀没来迎接我的触摸，尖尖的小爪子也没来抓我的指头，我就知道我再也见不到我那让人甜蜜的小鸣鸟了。

第九章　充满人情味的城市

　　一八八八年五月造访波士顿是我生命中的下一件大事。我清清楚楚地记得准备的过程、与老师和母亲一起出发、旅程中的种种经历以及最后抵达波士顿的经过，恍如昨日一般。此次旅行和两年前我前往巴尔迪摩那次差别太大了，我不再是激动不安的小家伙，不再需要火车上的每个人都注意我，为我找乐子。我静静地坐在莎莉文小姐旁边，兴味盎然地"欣赏"她眺望车窗外再转述给我的风光：美丽的田纳西河、大棉花田、山丘和树林。

还有车站里一群群向火车乘客挥手并带来美味糖果和爆米花球的挂着笑脸的黑人。我的大布娃娃南茜坐在我对面的位子上,身穿新格子棉衣裳,头戴皱边遮阳帽,一双珠子做的眼睛正对着我。我偶尔不专心接收莎莉文小姐的描述,就想起南茜的存在,把她搂进怀里,但我不理会她的时候大多假装她已睡着,图个安心。

以后,我不再提起南茜,所以要在这里叙述我们抵达波士顿后不久她的可悲经历。她浑身泥泞——尽管她从未表示喜欢泥土,我却硬逼她吃,所以才会留下泥痕。柏金斯启明学校的女洗衣工偷偷把她拿去洗。可怜的南茜实在受不了。我再见到她时,她已是一堆奇形怪状的棉花。要不是南茜两颗珠子做的眼睛以责备的眼神望着我,我根本认不得她了。

火车终于驶进波士顿车站,活像美丽的童话故事成了真。"很久很久以前"就是现在,"遥远的国度"就是这里。

一到柏金斯启明学校,我就开始跟小盲童们交上了朋友。当我发现他们懂手语字母,简直高兴得难以形容。以我自己的语言跟别的小孩交谈是多么快乐的事啊!先前,我都像是外国人,透过译者发言。到了劳拉·布里吉曼当年接受教育的学校,我等于置身在自己的国家。我花了一段时间才弄清楚新朋友都是盲人的事实。我自知看不见,可是所有围在我身边跟我嬉戏的热情的小朋友也都是盲人,我总觉得不太可能。我记得当我发现交谈时他把手放在我手上,而且用手

指读书，我觉得好惊讶、好难过。虽然事先已经有人告诉我，虽然我了解自己失聪失明，但我依稀认为他们既然听得见，一定有某种"第二视觉"。我没准备认识这么多同样失去珍贵天赋的小孩。可是，他们很快乐、很满足，我跟他们做伴也非常开心，也就不再感到心痛了。

跟盲童共同度过的那段时光，使我在新环境中如鱼得水。日子一天天飞逝，我热切地感受着一个又一个的欢快时刻。我简直不敢相信世上还有多少别的地方，但我已经把波士顿当作了天地的起点和终点。

在波士顿期间，我们参观过克邦山。我在那边上了第一堂历史课。勇士们在我们站立的地点奋战的故事叫我兴奋莫名。我数着阶梯爬上纪念遗迹，越爬越高，心想：不知士兵们当年是否爬过这道大阶梯射击下方地面的敌人？

第二天，我们走水路到普里茅斯。我第一次在大洋上航行，也是第一次坐轮船。大船真是充满了生机和动力。可是机械隆隆震动，让我感觉像是在打雷，生怕下雨使我们没法在户外野餐，便急得忍不住哭了起来。我想我对朝圣者上岸的大岩石比对普里茅斯的任何东西更感兴趣。我摸到了那块岩石，也许正是因此才能真正体会朝圣者的来临以及他们的辛苦和伟大事迹吧。朝圣堂有位好心的绅士送给我一个普里茅斯巨岩的小模型。我常把它握在手里，以手指抚摸它的弧度、中央的裂缝以及凸起的"一六二〇"数字，脑子里回想着我所知道的朝圣者的奇妙故事。

我童稚的想象力为他们壮丽的冒险精神而发光！我把他们美化为异国土地上寻找家园的慷慨勇士。我以为他们渴望自己的自由，也必然渴望同胞的自由。多年后，当我得知他们迫害别人的行为，一方面尊崇他们为我们建立"美丽国家"的勇气和精力，一方面却羞愧难当，感到既惊讶又失望。

我在波士顿交了不少朋友，威廉·恩迪柯特父女便是其中两位。

他们对我很和善，我的许多愉快的回忆都源自于此。有一天，我们造访他们在比佛利农庄的美丽家园。我穿过他们的玫瑰花圃，他们的大狗里奥和长耳小卷毛狗弗里茨走来迎接我，跑得最快的马儿尼姆罗德将鼻子伸到我手上，要我拍它，并向我讨方糖吃，回想起来实在很开心。还记得我第一次在沙地玩耍的那个海滩，沙质又硬又平，跟布罗斯特镇那种夹着大海藻和贝壳的松软尖沙完全不同。恩迪柯特先生跟我谈到过驶过波士顿前往欧洲的大船。后来，我见过他很多次，他始终是我的好朋友。说真的，每当我叫波士顿为"善心之城"时，心里就会想起他。

第十章 暑假

　　柏金斯启明学校关门放暑假之前，有人安排我们师生到布罗斯特镇"科德角"的好朋友霍普金斯太太家度假。我很开心，因为我满脑子都是即将来临的乐趣以及传闻中大海的美妙故事。

　　那年夏天的海洋是我最生动的回忆。我一向住在内陆，连含盐的空气都没闻过，可是我曾在一本名叫《我们的世界》的大书里读到过关于海洋的描写，叫我赞叹不已，好想接触大海，感受它的怒号。当我知道，我的愿望终于要实现了，小心脏兴奋得砰砰乱跳。

　　我在旁人的协助下穿上泳衣，立刻跳上暖洋洋的沙滩，毫无畏惧地跃入清凉的水中，我感受着大浪的摇摆浮沉，海水的上浮动作使我

高兴得浑身发抖。突然间，我的狂喜消失了，恐惧浮上心头，我的脚碰到了一块岩石，接着，海水涌上来淹没了我的头顶。我伸手想抓个可以扶的东西，却只抓到了海水和浪花卷到我脸上的海草。但一切狂乱的努力都是徒然。海浪似乎在跟我玩游戏，嘻嘻哈哈地把我从这个浪头卷到那个浪头。好可怕！坚实的地面由我脚下滑开，生命、空气、温暖、爱……一切都好像被摒弃在遮天盖地的奇特环境之外。最后，大海好像玩腻了我这个新玩具，把我掷回岸上。接下来，我已被老师紧抱在怀中。噢，又长又柔的拥抱多么舒服！等我克服满腔的惊恐，我立刻问道："是谁把盐放在了水里？"

克服了第一次下水的不愉快，我穿着泳衣坐在大岩石上感受浪花一个个打上岩石，冒起阵阵水花，盖满我的身体……实在太好玩了。浪花把笨重的石子打在岸上，我感受到石子在嘎嘎作响。整个海滩似乎深受乱石攻击之苦，空气也因它们的规则震荡而悸动。拍岸的大浪总是猛然退去，准备发起更猛烈的冲击，而我抓紧岩石，紧张又着迷，心中感受着怒海的冲击和嘶吼！

我总嫌在岸边停留的时间不够久。未受污染的自由的海风像一股清凉而又令人安静的思绪，而贝壳、卵石和身上附着小生物的海草叫人着迷。

有一天，莎莉文小姐指引我注意一个在浅水中晒太阳而被她逮到的奇异物体，是大马蹄蟹——我生平第一次遇到。我摸摸它，觉得它实在很奇怪，竟把房子扛在背上。我突然想到也许它可以当一个好玩的宠物。于是，我双手抓住它的尾巴，把它带了回家。它的身体很重，我费尽力气才拖着它走了半里路，我对自己的这项本领满意极了。我一直纠缠莎莉文小姐，非要她把蟹放进井边的一座凹槽才肯罢休，相信它可以平平安安地待在那儿。可是第二天早晨，我走到凹槽边时，咦？它竟然不见了！谁也不知道它到哪里去了，也不知道它是怎么逃走的。当时，我非常失望。后来，我渐渐明白了：把不会说话的可怜的小生物带离它原先生活的环境，未免太不仁慈也太不明智。隔了一段时间，想到它或许已经回到大海，我才开始觉得有点欣慰。

第十一章　羊齿采石场

那年秋天，我回到了南方的家，整颗心充满了欢乐的回忆。我回想起那次造访北方，种种经历的充实和多彩令我赞叹不已。好像从那时候开始，美丽新世界的宝藏横陈在我脚下，我处处吸纳快乐和见闻，切身体验一切，不作片刻停息。我一生的活动接踵而至，忙碌得不下于那些只能存活短短一天的小昆虫。我认识了很多人，他们在我手上拼字，跟我交谈，同情的思绪跳跃起来，同我的思绪产生了共鸣。看哪，奇迹发生了！我的心灵和别人的心灵之间的不毛之地像玫瑰树绽放了鲜花。

秋天的那几个月，我跟家人住在塔斯肯比亚十四公里外山上的避暑小屋。因为附近有座荒废已久的石灰岩采矿场，所以我们把小屋叫

作"羊齿石场"。三条欢快的小溪从上面岩石间的泉源流出，流过此地，每当有岩石挡道，溪水就化为咆哮的瀑布汹涌翻腾。矿场开口处满是羊齿，把石灰岩矿床完全盖住，有些地方连溪流都被遮住了。山上树木茂密，有大橡树和壮观的常绿树，树干像长满青苔的大石柱，树枝上悬挂着一圈圈的常春藤和槲寄生；还有杏树，香味传遍树林的每个角落——那沁人心脾的芬芳使人心旷神怡。在有些地方，野生的圆叶葡萄藤和斯卡柏葡萄藤从这棵树伸到那棵树，构成遮阴的棚子，总是有好多蝴蝶和嗡嗡叫的昆虫置身其间。下午，我迷失在纠结的林木所构成的绿色幽洞里，在这一日将尽时，闻着地底冒出的清爽香气，实在很开心。

我们家的小屋是一间简陋的屋舍，优美地坐落在山顶的橡树和松树丛中。开阔的长形大厅两侧是一个个小房间。小屋四周有宽宽的阳台，山风带着木香吹来，很好闻。我们几乎住在了阳台上——在那儿工作、吃喝和玩耍。后门边有棵巨大的灰胡桃树，台阶绕着树身砌成。前面的几棵树长得好近好近，我摸得到，也感觉得到秋风吹动着树枝，叶子向下旋转。

"羊齿石场"来过很多访客。傍晚，男士们在营火边玩牌、交谈、运动，打发时间。他们大谈自己捕捉禽类、鱼类和四足兽类的奇妙本领——他们射中过多少野鸭和火鸡，抓过什么"凶猛的鳟鱼"，如何猎得最狡诈的狐狸，如何智擒最聪明的负鼠，如何追上最敏捷的鹿。我暗想：狮子、老虎、熊或是其他野生动物在这些刁钻慧黠的猎人面前休想活命！热情的朋友们散开过夜时，常常大喊着："明天去打猎！"来代替晚安。男人们睡在我们房门外的大厅，躺在临时搭的卧铺上。我可以感觉到猎犬和猎人们深沉的呼吸。

黎明时，我闻到了咖啡的香气，感觉到枪支嘎啦嘎啦地响，男人重手重脚地走来走去，自信本季就数这一天运气最佳。我被这些动静吵醒了。他们由镇上把马儿骑出来，绑在树下站了一整夜，马儿大声嘶叫，等不及要出发，连我都感觉得到马儿顿足的震动。最后，男士们骑上马背，正如老歌所述，"马缰哗哗响，马鞭咻咻叫，猎犬做先锋，骏马出发了"。冠军猎人们也"嗬嗬嘿嘿呜呜！"叫嚣着启程了。

早晨稍晚些，我们开始准备烤肉的事。地上的一个深坑底生起了火苗，顶上交叉架着木柴，将肉挂上去，用烤肉叉翻转。黑人们蹲在营火四周，用长树枝驱赶苍蝇。美味的肉香害我早在餐桌摆好之前就饿得肚子咕咕叫了。

打猎的队伍露面了，准备的忙乱和刺激达到高潮。猎人们三三两两挣扎着进了屋。男人又热又累，马儿满嘴泡沫，疲惫的猎犬气喘吁吁、

垂头丧气——没打到半只动物。每个人都自称至少看见一只鹿，离得很近，可是不管猎犬怎么激烈地追逐那只动物，无论枪瞄得多准，扣扳机时却总没看见鹿。他们的运气就像小男童说他远远地看见了一只兔子——然而看到的只是脚印罢了。不过，大家马上忘却了这次的失意，坐了下来，没吃到鹿肉，倒吃了一顿美味的小牛肉和烤猪大餐。

　　有一年夏天，我在"羊齿石场"养了一只小马。我给它取名叫"黑美人"——我刚刚读过那本书，这匹马跟书上描述的"黑美人"各方面都很相像，从亮亮的黑色皮毛到额头的白星星，不一而足。我在

马背上度过了不少快乐的时光。在十分安全的情况下，老师偶尔放开缰绳，小马继续往前漫步，或是随它高兴停下来吃草或者咬食狭径旁生长的树叶。

在我不想骑马的早晨，老师和我吃完早餐就在林子里散步，任由自己迷失在树木和藤蔓里，除了牛、马踏出的小径外，根本无路可走。我们常碰到无法穿越的灌木丛，只好绕远路。我们总是抱着一堆月桂、一枝黄、羊齿以及只有南方生长的美丽的沼泽花儿回到小屋。

有时候，我跟密尔德瑞和小表弟、小表妹们去采柿子。我不吃柿子，可是我喜欢那种香味，喜欢在叶子和草地里搜寻。我们还去采栗子，我帮他们打开栗子的芒刺外壳，敲破山核桃和胡桃的硬壳——好大好甜的胡桃喔！

山脚下有一条铁路，小孩们爱看火车呼啸而过。有时候，可怕的汽笛把我们吓退到台阶边，密尔德瑞激动地告诉我有母牛或马儿走失在铁轨上。在大约一公里外，有个栈桥架在深谷上空。枕木分得很开，本身却很窄，活像在刀刃上行走。要过桥很难，我也从来没走过。直到有一天，我和密尔德瑞及莎莉文小姐在林子里迷路，逛了几个小时都找不到小径可走……

突然，密尔德瑞用小手指着前方嚷道："栈桥在那边！"我们宁可走别的路也不愿过这座桥。但天色渐黑，栈桥是返家的快捷途径。我只得用脚趾头摸索横木，但我不怕，走得很好。突然间远处传来微弱的"噗噗"声。密尔德瑞嚷道："我看见火车了！"要不是我们往下爬到交叉的支架上，让火车由我们头顶过去，我们几乎就要被火车撞倒了。我能感觉到引擎的热风吹到脸上，烟和灰差一点呛死我们。火车轰隆轰隆地驶过，栈桥摇摇晃晃，我真的以为我们会被震到下面的深谷里去！我们历经千辛万苦才重新爬回铁轨上。天黑了好久我们才到家，发现小屋一个人也没有。全家都出去找我们了。

第十二章　雪的宝库

在第一次造访波士顿之后，几乎每年冬天我都是在北方度过。有一次，我到一处湖面结冰、雪地浩瀚的新英格兰村庄访问。那是我第一次有机会进入白雪的宝库。

记得我发现一只神秘的大手把大树和灌木都剥得精光，只零零落落地留下一两片皱巴巴的叶子，心里觉得好惊讶。鸟儿飞走了，光秃秃的树上空空的鸟巢满是积雪。山丘和平野上一副冬寒景象。大地似乎被冷冰冰的冬神麻痹了，树木的精灵退到根部，在黑洞洞的地下蜷曲着，睡得正熟。一切生命似乎已衰退，即使露出太阳的白昼也是如此。

酷寒冷缩，

活像血管老弱无元气，

衰朽起身，

朦朦胧胧看海陆最后一眼。

枯萎的青草和灌木幻化为冰柱森林。

接着有一天，寒风刺骨，眼看暴风雪要来了，我们奔到户外去感受最先来临的几片小雪花。一个小时又一个小时，雪花默默而轻柔地从高空降到大地，乡野越来越平坦。一夜之间，雪包围了世界。第二天早晨，简直连一点山水特征都认不出来。路面全部都被掩埋，看不见任何地标，只剩一片雪白的荒原，偶有树木从中耸起。

傍晚，有风从东北吹来，雪花乱飘。我们坐在炉火周围说着好玩的故事，嬉闹玩耍，忘了自己置身在荒凉的孤寂之地，跟外界完全断了联系。到了夜里，风势的加强让我们产生莫名的恐慌。狂风扫遍乡村各地，屋椽吱吱嘎嘎地拉扯，房屋四周的树木沙沙作响，敲打着窗户。

暴风起后的第三天，雪停了。太阳由云间露出笑脸，照着一片浩瀚起伏的白色平原。高岗和尖塔堆成古怪的形状。无法穿透的雪堆散落在每一个角落。

大家在雪堆间铲出一条条窄径。我披上斗篷和头巾出了门。空气像针刺痛了我的脸颊。我们一会儿在小径上行走，一会儿在小雪堆里奋力开路，终于来到大牧场外的一个小松树丛。树木一动也不动，白得像大理石壁上雕刻的人物，没有松针的气味。阳光落在树上，小枝子像钻石闪闪发光，我们一碰就阵阵地掉落下来。光线太耀眼了，甚至穿透了我眼里的黑幕传进我脑中。

日子一天天过去，雪堆逐渐缩小，可是还没等雪堆完全消失就又来了一阵暴风雪。整个冬天，我几乎没踩到过地面。树木每隔一段时间就会卸下外面罩着的冰柱，香蒲和林中的草丛光秃秃的，而湖水在阳光下仍然结着冰，又僵又硬。

　　乘雪橇是我们在冬天最喜欢的娱乐。有些地方湖岸由水边猝然耸起。我们常顺着这些陡岸往下滑。我们坐上雪橇，让人推我们一把，就冲了下去！我们俯冲过雪堆，跃过坑洞，呼啸而下溜到湖边，滑过亮晶晶的湖面到达对岸。真开心！疯疯癫癫地好高兴啊！狂野又兴奋的片刻间，我们一度弄断了地面和我们之间相系的锁链，跟狂风牵手，感觉自己就像变成了神仙！

第十三章　有翅膀的话语

　　我学会说话是一八九〇年春天的事。我的内心一直有股强烈的冲动，希望能发出清晰可闻的声音。我常一手按着喉咙，一手摸着自己嘴唇的动作，胡乱发声。会发声的东西深受我的喜爱。我喜欢触摸咕噜作响的猫儿和汪汪叫的小狗。我还喜欢用手去触摸歌手的喉咙，或者弹奏中的钢琴。我失明失聪之前，学讲话学得很快，但生病后耳朵听不见了，所以不再开口说话。以前，我常在母亲膝头坐一整天，手放在她脸上，觉得摸她嘴唇的动作很好玩。我也动嘴唇，只是我已忘了说话是怎么一回事。亲友们说，我会自然哭笑，一度发出很多声音和字音，并不是把它当沟通媒介，只是迫切需要活动一下发声器官。不过，有一个字的意思我还记得，就是"water"（水）——我说成"wa-wa"，连发出这个字音也越来越含糊。接着，莎莉文小姐就来教我了。等我学会以手指头拼字，才不再使用字音。

我早就知道周围的人所使用的沟通办法跟我不一样。在我还不知道耳聋的孩子也能学会说话之前，我已对自己所拥有的沟通媒介深感不足。完全靠手语字母表达的人总是有一种局限感和狭隘感。这种心情使我气恼地感受到一种缺憾，必须加以弥补。我的思绪常常像逆风飞起来的鸟儿鼓动翅膀。我执意使用嘴唇和声音。亲友们怕我失望，尽量泼我冷水要我改变这个念头，但我不屈不挠。过了不久，一件事的发生，终于破除了这项障碍——我听见了娜布·卡达的故事。

一八九○年，教过劳拉·布里吉曼而且刚造访了挪威和瑞典回来的老师拉姆森太太来找我，告诉我挪威的失明失聪女童娜布·卡达真正学会说话的经过。拉姆森太太一叙述完这个女孩成功的故事，我马上热切到了极

点。我决定要学会说话。我坐立不安，于是老师带我去找霍勒斯学校校长莎拉·富勒小姐，请她提供教导和帮助。这位和蔼迷人的小姐说要亲自教我。于是，我们在一八九〇年三月二十六日开始上课。

富勒小姐的方法如下：她在发声时将我的手轻轻拂过她的面孔，让我摸她的舌头和嘴唇的位置。我一心想模仿每一个动作，一个小时后已学会六个字符：M，P，A，S，T，I。富勒小姐总共给我上了十一堂课。我永远忘不了我发出第一个连贯的句子"It is warm.（天气暖和）"时内心的惊喜。不错，虽然只是结结巴巴的破碎音节，但却是人语。我的灵魂感知到了新的力量，挣脱了束缚，正要透过这些破碎的言语符号追求一切知识和信仰。

但凡失聪的儿童，想认真说出他没听过的字句，走出没有一种爱的音调、鸟鸣或乐曲曾经穿透的死寂牢笼，一定忘不了自己发出第一个字音时心中的惊奇和发现的喜悦。只有这种人能理解我跟玩具、石头、树、鸟、无言的动物说话时的热切，以及妹妹密尔德瑞听从我的

叫唤跑来，或是小狗服从我的命令时我心头的欢喜。能不需旁人转译飞快地用字句说话对我来说是难以言喻的神恩。用嘴说话时，快乐的思绪由字句中飞起，换了手指拼字也许就没办法思索得这么顺畅了。

不过，大家千万别以为我真的能在这么短的时间内学会讲话。我只学会了语音元素，富勒小姐和莎莉文小姐听得懂，可是对于大多数人，一百个字不见得能听懂一个。我学会了这个元素之后也不是全靠自己练习说话，若没有莎莉文小姐的智慧、毅力和热心，我说话自然不可能有这么大的进步。首先，我日夜苦练，才让最亲密的朋友听得懂我的话；其次，我尝试把每个发音说清楚，以各种方式将所有发音合并起来，经常少不了莎莉文小姐的协助。直到现在，她还在每天提醒我哪些字的发音不正确。

所有聋哑教师都知道此事的含意，也唯有他们能稍微理解我要应付的特殊困难。我必须运用触觉来捕捉喉咙的震动、嘴巴的动作和脸部的表情。而触觉往往靠不住。如此一来，我不得不复述单字或句子，有时候一连好几个小时，最后才感知到自己的声音有了恰当的响动。我的工作是练习、练习、练习。挫折和疲惫常常让我气馁万分。可是，一想到马上就要回家，向我心爱的亲友们展示我的成就，我立刻决定再接再厉。我好期待自己的成就能讨得他们欢心。

"现在小妹可以明白我的意思了。"这念头压倒了一切障碍。我常欣喜若狂一再地说："现在我不是哑巴了。"我企盼着跟母亲说话，触摸她的嘴唇得到她的回答，我不能灰心。我发现说话比用手指拼字容易，觉得很意外，就单方面舍弃了手语拼字的沟通方式。不过，莎莉文小姐和几位朋友仍用手语字母跟我说话，只因这样比读唇语方便和快捷。

不认识我们的人似乎搞不清手语字母的用法，不妨让我略作说明。要跟我说话或读东西给我听的人使用聋人通用的单手手语字母，以手拼字。我把手轻轻放在对方手上，不妨碍他（她）的动作。手的位置容易看也容易触摸。我摸到的每一个字母，就跟你们看书时分开看到的每个字母一样。经常性的练习使得手指变得灵活自如。我有几位朋友拼字拼得很快——几乎跟行家按打字机一样快。当然啦，拼字跟打字一样，都是不自觉的动作嘛！

学会说话后，我恨不得赶快回家。最后，那令人快乐无比的一刻终于来临了。我踏上返家的旅程，不断跟莎莉文小姐说话，不是爱说，而是决心不断改进，直到最后一分钟才肯罢休。不知不觉间，火车已停靠在塔斯肯比亚车站，月台上站着全家人。现在，只要想起当时的情景——母亲把我抱在怀中，听取我说的每一个音节，高兴得说不出话来，一直发抖；小妹密尔德瑞抓住我空出的一只手来亲吻，手舞足蹈；父亲默默地表达他的自豪和感激……我的眼睛就热泪盈眶。以赛亚的预言仿佛在我身上应验了："大山小山将在你面前出声歌唱，田野的树木也欢欣拍手！"

第十四章　误解

　　一八九二年冬天，我童年的灿烂天空罩上了一朵乌云，一片昏天黑地。我的心中不再有快乐，整日生活在怀疑、焦虑和恐惧之中。很长很长的日子里，书本对我失去了吸引力。直到现在，只要想起那段可怕的日子，我仍然感到心寒。我写了一篇名叫《霜王》的小故事，寄给柏金斯启明学校的安那诺斯先生。这篇故事就是我烦恼的根源。为了说清这件事，我必须陈述跟这个插曲有关的事实，我要

替老师和我自己申冤，非得说明白不可！

我学会讲话的那个秋天住在家里，故事就是当时写的。我们在
"羊齿石场"逗留得比平常晚。莎莉文小姐在向我描述暮秋的叶子有
多美。大概是她的描述让我想起了一则先前可能有人读给我听、我不
知不觉记在脑海里的故事。当时我以为自己正像是在做孩子们所谓的
"编故事"，急忙坐下来记下，免得思绪溜走。我的思路发挥得很顺
畅，我对这篇文章满意极了。字句和意象跳跃到指尖，一个又一个句
子浮现在脑海，我于是将它写在盲人点字板上。唔，当时我不费吹
灰之力便能想起一堆字句和意象，可见，那一定不是我脑袋里虚构的
产物，而是被我怅然遗忘的断简残篇。当时，我一心吸取我读到的东
西，完全没想到作者是谁的问题。至今我还不太能确定自己的想法和
书中想法的界限。我想，或许是因为许多印象都是透过别人的眼睛和
耳朵得来的缘故吧！

故事写完，我读给老师听，我为较优美的段落心满意足，为被中
途打断纠正某字发音而懊恼……至今，我仍记得清清楚楚。我在晚餐
桌上把故事朗诵给家人听，他们惊讶于我写得这么好。有人问我是不
是从书上读来的。这一问让我很是吃惊，我完全想不起有谁向我转读
过这些内容。我理直气壮地说："噢，不！这是我自己想的故事，是
我为安那诺斯先生写的。"

于是，我抄下故事，寄给安那诺斯先生当生日礼物。有人建议我
把故事的标题由《八秋叶》改成《霜王》，我照办了。我亲自把这篇

小故事拿到邮局去寄，心情像漫步在云端。我做梦都没想到我会为这份生日礼物付出残酷的代价。

安那诺斯先生很喜欢《霜王》，于是将它刊登在柏金斯启明学校的一份报刊上。那是我幸福的巅峰时刻。可是不久，我便由峰顶跌落在地上。在我到达波士顿不久，有人发现了一篇跟《霜王》十分类似的故事，即玛格丽特·T·康贝尔所写的《霜仙》。早在我出生前《霜仙》已被收录在一本名叫《小鸟和它的朋友》的书中。两篇故事的思想和语言实在太相似了。显然有人向我读过康贝尔小姐的故事，我的只是抄袭品。我很难了解到这一点，可是当我了解之后，真的非常惊讶和伤心。没有一个小孩深饮过比我这杯更苦的苦酒。我大出洋相，而且害我最爱的人遭到怀疑。这种事怎么可能发生呢？我绞尽脑汁回想我写《霜王》之前读过的一切跟霜有关的东西，还是什么都想不起，只能想到一般提到的《霜杰克》（拟人化说法）以及童诗《霜的奇想》。我知道，我的文章里并未加以引用。

起先，安那诺斯先生虽然深感烦恼，但似乎还相信我。他对我特别温柔和客气，让我内心的阴影暂时消除了一段时间。为了讨他高兴，我尽量避免烦恼，听到坏消息之后不久就是华盛顿的生日，我尽可能打扮得漂漂亮亮地去参加庆典。

我要在盲童演出的歌舞剧中扮演谷神希瑞丝。我的身上穿着优美的服装，头戴辉煌的秋叶花冠，脚下和手上有水果和谷粒。而在歌舞剧热闹的气氛下隐藏着令我心情沉重、精神抑郁的不适感。我都记得

很清楚很清楚。

庆祝会前一天晚上，柏金斯启明学校有一位老师问了我一个跟《霜王》有关的问题。我说莎莉文小姐跟我提过"霜杰克"极其美妙的事迹。我的某句话让她自以为听出了我承认我对康贝尔小姐写的《霜仙》有印象。虽然我极力跟她说她误会了，但她仍在安那诺斯先生面前提出了这项结论。

曾温柔爱护我的安那诺斯先生自觉受到欺骗，不肯听我求情和辩白。他相信——或至少疑心——我和莎莉文小姐故意剽窃别人的高明想法，硬塞给他，争取他的赞美。我奉命到柏金斯学校的老师和长官们组成的法庭接受审问，且让莎莉文小姐离开我。接着，我被盘问和

反问。我觉得判官们似乎决定要逼我承认我记得有人向我转读过《霜仙》这件事。我从每一句问话中都能感受到他们心中的怀疑，而且我觉得有个疼爱我的朋友正在用指责的目光看着我，只是我无法一一道出罢了。鲜血挤压着我怦怦跳动的心脏，除了单音节，我简直说不出话来。就算明知这只是一个可怕的误会，但我的苦难仍不能减轻。最后，我获准离开那个房间的时候，整个人茫茫然不知所措。老师抚爱我，亲友们柔声称赞我勇敢，说他们以我为荣，我都浑然不知。

那天晚上，我躺在床上，哭得非常伤心，但愿很少有小孩有像我这样的哭法。我觉得好冷，以为自己天亮前就会死掉。这个念头给了我稍许安慰。我心想，若这样的悲哀在我大一点才降临，一定会害我的精神破碎到难以弥补的地步。但遗忘天使带走了大部分的不幸和那段日子的悲苦。

莎莉文小姐从来没听过《霜仙》，也没听过收有这篇故事的那本书。在亚历山大·葛拉姆·贝尔博士的协助下，她仔细调查这件事，最后终于查出苏菲亚·C·霍普金斯太太在一八八八年，也就是我们到布罗斯特镇在她家度暑假的那一年，手上曾有一本康贝尔小姐写的《小鸟和它的朋友》。霍普金斯太太已经找不到她那本书了。不过，她告诉我，当时莎莉文小姐度假去了，她曾向我读过几本书上的片段供我消遣。虽然她跟我一样不记得读过《霜仙》这个故事，但她记得其中一本书就是《小鸟和它的朋友》。她说，不久前她卖了房子，丢掉不少旧课本和童话故事之类的少年书籍。《小鸟和它的朋友》很可能在其中，所以才会找不到。

当时那些故事，在我心目中并没有什么价值。可是对于一个几乎无法自己消遣的幼童来说，只要学到点陌生的字就足以让她开心了。尽管我完全不记得阅读那些故事时的相关情况，但我想我一定努力记了一些字，想等老师回来叫她为我解释意思。有一件事可以确定：那些语言一定深印在我脑海中，只是很久没人知道，我自己更浑然不知。

莎莉文小姐回来后，我没跟她提《霜仙》。也许因为很快她开始为我读《小伯爵》，我整天想着小伯爵的故事，别的东西根本不放在心上。可是，有人向我转读过康贝尔小姐的故事却是事实。远在被我遗忘了很久之后，内容又自然而然地回到了我的脑海。我一直以为是我自己想出来的，从来没想过是别人构思的产物。

我在受困期间收到了不少爱与同情的信息。直到此刻，我心爱的朋友们仍是我的好友，只有一位例外。

康贝尔小姐本人好心写信来说："有一天，你会写出自己构思的伟大故事，给许多人带来安慰与帮助。"但这句好心的预言并未实现。我再也不会为乐趣而玩文字游戏。说真的，此后我一直害怕我写的不是自己的东西，因而饱受折磨。此后好久好久，我写信的时候——哪怕是写给我的母亲——总会突然感到恐慌，反反复复拼出句子，确定不是从书上读来的。若非莎莉文小姐持续鼓励我，我想我会完全放弃提笔的尝试。

后来，我读了《霜仙》，也读了我沿用康贝尔小姐其他概念的信函。我在其中一封——一八九一年九月二十九日写给安那诺斯先生的信中找到了与书中雷同的字句和观点。当时，我正在写《霜王》。从这封信里的一些措辞中可以看出我脑中充斥着那个故事的内容。还有另外几封信也是如此。我描述老师跟我谈金黄色的秋叶时说"是的，它们美得可告慰我们夏日飞逝的忧伤"——这句话直接来自康贝尔小姐所写的故事。

由我早期的许多通信和第一次试写的稿子中可以看出我习惯吸收我中意的东西，并将其当作自己的话说出来。在一篇有关希腊和意大利古城的文章里，我借用了别人生动的描写，并将其稍加变化，出处我已经忘了。我知道安那诺斯先生非常喜欢古迹、古玩，热衷于欣赏一切跟意大利和希腊有关的美丽描述。所以我从读过的书中搜集诗作或历史的点点滴滴，以为可以让他高兴。安那诺斯先生谈起我描写诸城的文章，曾说"这些想法本质上诗意盎然"。但我不懂他怎么会以为一个失聪又失明的十一岁小孩能创造出这些想法。我倒不觉得因为我没创造出新观念，我的小作文就失去了趣味。这至少证明我可以用清晰、鲜活的语言表达我对美丽和诗意理念的赏识呀！

那些早期的作文是头脑的体操。我跟所有年少无经验的人一样，以吸收和模仿的学习方式把理念转化为文字。若发现书上有我喜欢的

东西，我会有意无意地将其全都留在脑海里，加以改编。正如史蒂文森所言，年轻作家本能地试图复制他们觉得最令人敬佩的东西，以多才多艺替代心中的景仰。连伟人都要这样练习几年之后，才能学会驾驭从每一个心灵幽径涌进来的字句兵团。

我的这个过程恐怕还没有完成。由于书上读来的东西已成为我心灵的实质和肌理，我确实无法随时分清自己的想法和书上读来的想法。结果，我写的东西几乎都很像第一次学会缝纫时所做的荒唐的拼凑品。这种拼凑品是以各种零头制成——有漂亮的丝绸和天鹅绒布块，但让人摸起来不愉快的粗布块永远是最明显的。同样的，我的作文以自己粗糙的想法构成，间杂着我读过的作家们更璀璨的思想和更成熟的意见。我觉得，写作的最大困难在于：我们满脑子只有本能的表达，却得让受过教育的脑袋用语言表达我们的感觉和思绪混乱的想法。尝试写作就像玩七巧板。我们脑子里有个花样想用字构筑出来，但字跟空格配不起来，就算能配，也跟设计不合。但我们继续尝试，因为我们知道有人成功过，所以我们不愿认输。

史蒂文森说："除非天生如此，否则不可能变得有创意。"虽然我可能不是有创意的人，但有时候我真希望自己成熟一点，不再写模仿居多的文章。到时候，我自己的思想和经验也许能浮现出来。同时，我该保持自信心和希望，坚忍不拔，尽量不让《霜王》的苦涩回忆阻碍我追求成功。

所以说，这次悲哀的经验也许对我有好处，可以让我思索作文的某些难处。唯一的遗憾是，我因此失去了一位亲爱的好友安那诺斯先生。

我的自传在《妇女家庭杂志》发表后，安那诺斯先生写信给梅西先生，声明在《霜王》事件发生时，他相信我是无辜的。他说，我奉召面对的调查"法庭"由八个人组成：四名盲人，四名视力正常的人。他说，有四个人认为我知道有人曾向我转读过康贝尔小姐写的故事，另外四个人不以为然。安那诺斯先生说，他投票支持我。

可是，不管案情如何，无论他投的是支持票还是反对票，当我走进以前安那诺斯先生常抱我坐在膝上、抛下一切要务陪我嬉戏的房

间，发现那边有几个似乎对我抱着怀疑态度的人，我总觉得气氛中带有敌意和恶意。后来发生的事证明，这种印象没有错。两年前他似乎相信我和莎莉文小姐是无辜的，显然他后来撤回了对我有利的判决，理由何在我不清楚。我也不知道调查的细节。我甚至不知道那些未曾跟我交谈过的"法庭"成员的名字。我当时太激动了，什么都没注意到；我被吓坏了，不敢问问题。说真的，我当时几乎没办法思索我自己说的话或者别人跟我说的话。

我记下了这次的《霜王》事件，因为此事在我的人生和教育中占有重要地位。为了不引起误解，我照自己所知的情况将事实完全陈述出来，无意为自己辩护或者责备任何人。

《霜王》事件后的暑假和寒假，我在亚拉巴马州跟家人度过。回顾返家的情景，很开心。植物全都发芽开花了，我的心情也很好。《霜王》就此被抛到脑后。

等地面撒满大红和金黄的秋叶，花园末端的凉亭上带有麝香味的葡萄也在阳光下变成金棕色。我开始撰写我的人生小传——距离我写《霜王》已隔了一整年。

我写每一句话依旧非常非常小心，唯恐我的思绪不全是自己的东西，为此苦恼至极。除了老师，没人知道这种恐惧。神经过敏使我不愿提及《霜王》，谈话间若有某种念头闪过脑海，我往往会轻轻向她拼出"我不确定是不是我自己的想法"等话。有时候，一段文章写到一半，我会突然问自己："万一有人发现这些东西很久以前就有人写过呢？"一股童稚的恐慌抓住了我的手，害我那天再也写不下去。直到现在，我还不时地感受到同样的局促与不安。莎莉文小姐以各种想得到的办法安慰我、救助我。但可怕的经历在脑海中留下了持久的刻痕，直到现在，我才开始了解其中的重要性。她希望帮我找回自信，就劝我为《青年之友》杂志写一篇简短的自传。我那年十二岁。如今，回溯我写那篇小故事时的挣扎，总觉得我一定预先知道此举可能带来的益处，否则我绝对写不出来。

我内心充满惶惑却果敢地写了下去。老师知道我不屈不挠，一定能重新找到心灵的立足点，发挥我的各项才能，所以她一直鼓励我。在《霜王》插曲发生前，我过着浑然无知的幼年生活。如今，我的思绪向内转变，看到了许多无形的东西。渐渐地，我挣脱了那次经历的阴影，我的心灵因为受过试炼而清明起来，人生的见识也变得更加深刻了。

第十五章　世界博览会

一八九三年，克利夫兰总统就职期间，我前往华盛顿，还参观了尼加拉大瀑布和世界博览会，那是这一年的主要大事。在这种情况下，我的学业经常中断，往往被搁下好几个礼拜。所以我不可能连贯地加以描写。

我们在一八九三年三月前往尼加拉大瀑布。当我站在美国瀑布上空的尖岬，感受着空气的震动和大地的颤抖，那种情绪实在很难形容。很多人觉得我竟会因尼加拉大瀑布的玄奇美丽而动容实在很奇怪。他们老是问我："美或声音对你有什么意义呢？你看不见浪花卷上滩头，听不见大浪的怒吼。这些对你有什么意义？"意义非常明显。我无法探测或阐释个中的意义，正如我无法探测或阐释爱、信仰或善德。

一八九三年夏天，莎莉文小姐、我还有亚历山大·葛拉姆·贝尔博士一起参观了世界博览会。我记得，在那几天，无数童稚的梦想变成了美丽的现实，想来只觉得喜悦，没有夹杂任何其他的情绪。我每天在想象中环游世界，见识了世上最遥远的地方的许多奇事——发明的奇迹、工艺和人类一切活动的宝藏都滑过我的指尖。

我喜欢到里面的游乐场，有点像《天方夜谭》，里面充塞着新鲜、有趣的事。这边有故事书中的印度，市集上可见到湿婆神和象神；那边有浓缩在开罗模型的金字塔国度，可以看见清真寺和长长的骆驼队伍；再过去，是威尼斯盐水湖。晚上，城市和喷泉灯火通明，我们夜夜航行其间。我还登上了一艘和小舟相隔不远的维京海盗船。我以前在波士顿搭过军舰，如今在这艘维京船上见识到海员从前大体上是什么样子，了解到他们如何航行。他们以大无畏精神将暴风雨等闲视之，大声喊道："我们是海上的男儿！"谁要是回应他们的呼喊，他们就追上去，以体力和脑力与人战斗，自立自足，不愿像现在的水手被无知的机器赶入默默无闻的背景中，我觉得好有趣。"男子汉看男子汉才有趣"，永远如此。

这艘船的不远处有座"圣塔玛丽亚"号的模型，我也检视过了。船长向我展示哥伦布的舱房和放有沙漏的书桌。这个小器具最叫我感动。我不禁想到英勇的航海家明知孤注一掷的手下正在计划取走他的性命，他却只能望着沙子一粒一粒地往下掉，一定深感倦怠吧。

　　世界博览会的主席希京波坦先生好心容许我触摸展览品，我像皮扎罗掠夺秘鲁宝藏一般热切，拼命用手指欣赏博览会的壮观展览。这座白色的西方城市可以说是摸得到的万花筒。每样东西都令我着迷，尤其是法国铜像——好像真人。我想是艺术家捕捉到了天使的样貌，摆进凡间的形体中了吧！

　　在好望角展览馆，我学到了不少采钻石矿的方法。我尽可能在机械转动时伸手去摸，以便弄清石头怎么称重、切割和打磨。我在冲下的残渣里搜寻钻石，结果真的找到了——他们说那是在美国参展的唯一一颗真钻。

　　贝尔博士陪我们到处走，以他特有的动人的方式向我描述最有趣的物体。我们在电器大楼检视电话、手摇风琴、电唱机和其他发明。他让我了解用电话和电报可以快速传送信息，超越时间和空间，像神话中的普罗米修斯由天空引火下凡。我们还参观了人类学部门，我对一位古墨西哥人的遗迹很感兴趣，那些粗制的石器往往是一个时代仅有的纪录——当国王和圣哲已化为尘土，大自然的子孙所留下的纪念物（我用手摸的时候如此认为）似乎注定要永传万世。我对埃及木乃伊

也很有兴趣，但我缩着手不敢摸。从这些遗物中我学到的关于人类进化的知识远比以前听来或读来得多。

这一切经验给我的字库添加了不少新词汇。在博览会待了三个礼拜，我从一个只对童话故事和玩具有兴趣的幼童，长足进步到懂得欣赏日常世界的真实与真挚的少年。

第十六章 学习

　　一八九三年十月以前,我漫无章法地研读了几个科目。我阅读希腊史、罗马史和美国史。我有一本凸字印刷的法文文法书,而且已经懂了一点法文。我常常使用我碰到的新字,在脑中练习构思短文自娱,尽可能不去考究规则和其他技术性问题。我甚至不靠人帮忙,照书上描写的一切字母和字音试着练习法语发音。当然,这是不自量力的举动,却让我在下雨天有事可做。我由此学到不少法文,可以轻松地阅读拉·封丹的《寓言诗》、拉昔姆的《被强迫的医生》和拉辛名剧《阿达莉》中的段落。

　　此外，我花了不少时间改善发音。我朗读东西给莎莉文小姐听，

并背诵我所记得的心爱的诗人的作品片断。她不断地纠正我的发音，协助我掌握发音的用字措辞及变音转调。不过，直到在一八九三年十月克服了世界博览会之行的疲劳和兴奋，我才开始按时上特定科目的课程。当时，莎莉文小姐和我在宾州的胡尔顿城造访威廉·韦德先生一家。他们的邻居艾伦先生是个很好的拉丁文学者，大家安排我在他手下学习。我记得他的脾气好得出奇，而且见多识广。艾伦先生主要教我拉丁文法，但他也经常指导我觉得既无趣又烦人的算术。艾伦先生还陪我读坦尼森的《回忆》，以前我阅读过许多书，但从未抱持批评的观点。我第一次学会认识作家，辨识他的文风，正如辨认某位朋友跟我握手的动作一样。

起先，我非常不愿意学拉丁文法，碰见每一个字，意思已经很明白了，还要加以分析——名词、所有格、单数、阴性——似乎很荒谬。我认为，这就等于在描述我的宠物以求认识它——脊椎动物目、四足动物门、哺乳动物纲、猫属、猫种、斑猫。但我越深入这个学科兴趣越浓厚，语言之美令人心醉。我常常读拉丁文段落自娱，找出我懂得的字，想办法理解个中的道理。我对这项消遣乐此不疲。

我想，世界上最美的事莫过于用我们刚开始熟悉的语言来呈现瞬间即逝的意象和情感——就像是用善变的幻想去为那些掠过心灵天空的种种理念塑形和着色。上课时，莎莉文小姐坐在我旁边，把艾伦先生说的话拼在我手上，并为我找寻新字句。当我动身回亚拉巴马州的家乡时，已经开始阅读恺撒的《高卢战记》了。

第十七章　渴望

一八九四年夏天，我参加了"美国失聪者语言教学促进协会"在夏达奎市举办的大会。他们安排我到纽约市的莱特·赫马森启聪学校。我在一八九四年十月由莎莉文小姐陪同前往。选这个学校，是为了在发声培养和读唇语的训练上得到最大的便利。除了上述科目外，我在该校的两年间还读了算术、自然地理、法文和德文。

我的德文老师雷米小姐会用手语字母。等我学了少量词汇后，我们一有机会就用德语交谈。过了几个月，她的话我几乎都能懂了。第一年尚未结束，我已经能把《威廉·泰尔》读得津津有味。说真的，我觉得我的德文比其他科目学得好。我觉得法文要比德文困难多了。我跟不懂手语字母、只能用口头教课的法国女老师奥立维尔女士学法文。我不容易读懂她嘴唇的动作，所以法文的进步远比德文慢。不过，我仍然奋力重读《被强迫的医生》，很有趣，但对它喜欢的程度不及《威廉·泰尔》。

我读唇语及开口讲话的进度赶不上老师和我自己的希望和预期。与别人一样是我一贯的追求，老师相信我可以办到。但我们虽努力不懈，却依然达不到目标。我估计是我们的目标定得太高了，失望在所难免。我仍把算术当作一堆圈套和陷阱。我在"瞎猜"的危险疆界徘徊，避开理性的宽阔山谷，给自己和别人惹下好多麻烦。我不瞎猜时就乱下结论，加上反应迟钝，这些毛病给我增加了许多不必要的困难。

虽然种种失望时常令我灰心，但我依然兴致勃勃地攻读其他科目，尤其是自然地理。学习大自然的奥秘真好玩，套一句《旧约》中如诗如画的用语：风如何从天堂的四角吹下来，水蒸气如何由大地的尽头升起，岩石间如何刻凿出河流，山川如何被树根倾覆，人类以什么方法克服许多比自己强大的力量等等。在纽约的两年我很快乐，回想起那段日子，真的乐趣无穷。

我尤其记得我们大伙儿每天在中央公园散步的事。纽约市也只有中央公园跟我意气相投，我永远喜爱这座公园。每次进去，我总喜欢叫人为我描述园中的景观。那儿有各种美，仪态万千。在我住在纽约的九个月里，中央公园每天都有不同的美。

春天，我们到许多有趣的地方短程旅游。我们航行在赫德逊河面上，在美国诗人布瑞安最爱歌颂的碧绿河岸漫游。我喜欢河边整列的断崖那单纯、狂野的气势。我去过的地方包括西点要塞和作家华盛顿·欧文的家乡塔利镇——我在那儿走过小说中的"睡梦谷"。

莱特·赫马森学校的老师们随时计划着怎么为学生提供听力正常者所具有的便利——年纪小的孩子则让他们善加利用寥寥可数的潜力和有限的记忆——引导他们走出受困的不利环境。

离开纽约之前，我遭遇了一件除了丧父之外从未有过的悲哀经历，灿烂的日子为之黯淡。一八九六年二月，波士顿的约翰·P·史鲍定先生去世了。只有认识他也敬爱他的人才能够了解他的友谊对我来说有多大的意义。他以和蔼可亲的待人方式给每个人带来快乐，对莎莉文小姐和我非常非常的和气与温柔。只要我们感觉他在场，知道他关心我们困难重重的努力目标，我们就不可能灰心丧气。他的逝世给我们的人生留下一个缺憾，至今未能弥补。

第十八章　考试

一八九六年十月我进入剑桥女校，准备日后前往拉德克里夫。我小时候参观卫斯里学院时，曾宣布："有一天我会上大学，而且我要去哈佛！"亲友们被吓了一跳。他们问我为什么不上卫斯里学院，我说那边只有女生。上大学的想法在我心里生根，变成了一本正经的愿望，驱使我在许多真诚又明智的朋友的反对下，与视力和听力正常的女生竞逐学位。在我离开纽约时，这个念头变成了既定的目标。我上剑桥女校也就成了定局，那是我上哈佛实现童年宣言最近的门径。

到了剑桥女校，按计划由莎莉文小姐陪我上课，把老师教的东西转译给我。

当然，我的讲师们只教过正常学生，我要跟他们交谈，唯一的办法是辨识他们嘴唇的动作。我头一年上英国史、英国文学、德文、算术、拉丁文、拉丁作文和其他科目。虽然先前我读一门课从未抱着准备上大学的念头，但我的英文被莎莉文小姐训练得很好。老师们很快就发现我英文这一科用不着特殊的指导，只要以批判的角度研读些学院规定的书本就行了。而且，我的法文基础也不错，又接受过六个月的拉丁文教导。但我最熟悉的科目，还是德文。

尽管我有这些优势，但我的学习进程也存在着严重的障碍。莎莉文小姐无法把所有需要的书籍全部拼写在我手上。虽然伦敦和费城的朋友们愿意加紧速度提供帮助，但要把一切教科书及时制成凸字版供我使用仍然非常困难。说真的，有一段时间我必须以点字法抄录拉丁文，以便跟其他女生一起背诵。不久，讲师们已经熟悉了我不完美的发言，可以轻松答复我的问题，纠正我的错误。我没有办法在课堂上记笔记或者写习题，但我在家会用打字机将所有的作文和翻译作业写好。

莎莉文小姐每天陪我上课，以无限的耐心将老师们说的话拼写在我手上。上课时间她必须替我查生字，一再向我转读笔记和未改成凸

字版的书籍。这项工作的冗长沉闷令人难以想象。德文老师葛罗特太太和校长吉尔曼先生是学校里唯一学过手语字母、能给我指导的教师。没有人比亲爱的葛罗特太太更明白她的拼字是多么的缓慢和不足。但她好心地每周两次辛辛苦苦为我单独上课，把授课内容拼给我吸收，让莎莉文小姐稍稍歇口气。可是，尽管人人都很好心，随时愿意协助我们，但是能化苦为乐的手却只有一双啊。

那年，我修完算术，温习拉丁文法，读了三章恺撒的《高卢战记》。德文方面，我靠手指和莎莉文小姐的协助读了席勒的《钟之歌》和《潜水者》、海涅的《哈尔茨山游记》、佛雷格的《腓特烈大帝统治时代散记》、里耳的《美的诅咒》、拉辛的《米娜·封彭尔姆》和歌德的《我的人生》。我好喜欢这些德文书，尤其喜欢席勒美妙的抒情诗、腓特烈大帝的丰功伟业史，以及歌德的生平记述。读完《哈尔茨山游记》我觉得好遗憾，因为那本书充满快乐的俏皮话，描写了葡萄遍地的山丘、阳光下潺潺生波的溪流、尊奉传统和传说的荒野地区、早已消失的想象时代的灰姑娘等事物，这一切都非常迷人——唯有把大自然当作"一种感觉、一种爱和一种欲念"的人才能做出这样的描写。

那年，吉尔曼先生教了我一段时间的英国文学。我们一起读莎士比亚的《皆大欢喜》、贝尔克的《调停美洲的演讲词》和麦考利的《塞缨尔·约翰逊传》。吉尔曼先生宽广的历史观和文学观以及高明的解说使我学习得轻松愉快。如果我只机械地阅读笔记，加上课堂上必要的简短说明，一定不可能有如此成就。

我读过一些政治题材的书本，而伯克演说的教育性无人能及。我心中为激扰的时代翻腾不已，而两个竞争的民族命脉所系的人物仿佛就在我眼前活动着。当伯克技巧高超的演说滔滔不绝地涌出，我越来越纳闷乔治国王及其臣子怎么不肯听取他的预言。接着，我读到了这位伟大的政治家与其政党和大臣之间关系的忧郁细节。如此珍贵的真理和智慧的种子竟会遭受冷落，朽坏在荒烟蔓草中。我匪夷所思并为之叹息。

麦考利的《塞缪尔·约翰逊传》中又有另一番趣味。想到约翰逊博士孤零零地在葛鲁伯街吃苦受穷，身心饱受折磨却常对贫贱的苦命人说好话、伸援手，我实在很感动。我为他的一切成功欢欣鼓舞。且不看他的缺点，不好奇他为什么有这些缺憾，我反而纳闷他的灵魂竟未因此而崩溃或丑化。不过，尽管麦考利才华横溢，能把平凡的东西写得清新脱俗、如诗如画，但他的观点的建设性有时候叫我厌烦。而且，他常常舍弃事实追求效果，这使我常抱怀疑态度，跟我毕恭毕敬聆听雄辩家伯克的态度截然不同。

在剑桥女校读书，我生平第一次跟与我同龄且视力、听力正常的女生为伍。我跟几位同学住在临近学校的一栋房子里。房子很讨人喜欢，豪韦尔斯先生曾住过这里。我们都享受到了家居生活的便利，她们的许多游戏我都参与其中，连捉迷藏和雪地嬉戏也不例外。我们携手散步，我们讨论功课，朗读让我们感兴趣的东西。有些女同学学会跟我讲话，好让莎莉文小姐不必把她们的话转述一遍。

圣诞节，母亲和妹妹陪我共度假期。吉尔曼先生热心邀请密尔德瑞到他的学校来读书。于是，密尔德瑞便跟我一起留在了剑桥，我们六个月形影不离，过得好快乐。每当想起我们功课方面互相帮忙、一起娱乐消遣的时光，我就感到无比的幸福。

一八九七年六月二十九日到七月三日我参加了拉德克里夫学院的初试。我报考的科目是初级及进阶德文、法文、拉丁文、英文、希腊文和罗马史，一共考了九个小时。我的成绩全部及格，德文和英文还

得到"优等生荣誉"。

　　不妨让我来解释一下我考试所用的方法。他们要求学生通过十六个小时的测验——初级十二个小时，进阶四小时——而且考试必须进行五小时以上才算通过。试卷于九点在哈佛发出，由一位特别的信差拿到拉德克里夫。参选者不喊名字，只叫号码。我是二百三十三号，不过我必须用打字机，所以我的身份无法隐瞒。

　　由于打字机的声音会干扰到其他学生，校方认为我最好自己在另一个房间应考。吉尔曼先生以手语字母向我转读全部试卷。门口有警卫站岗以防干扰。

第一天考德文，吉尔曼先生站在我旁边，先将试卷整体阅读一遍，然后一句一句地读。我出声复述一遍，以确定我完全理解他的意思。试题很难，我以打字机作答时，心里十分焦虑。吉尔曼先生将我打出来的字拼写给我，我把需要修改的地方改一改，由他插进去。此处我要声明：后来的考试中我再也没有享受到此种便利。在德克利夫学院，我打好的答案没有人为我读出来，除非我在时间结束之前做完，否则没有机会改正错误。即使提前做完试题，也只能在有限的几分钟内改正我记得的错处，将要改正的地方记在试卷末尾。我初试的分数比终试高，有两个理由。终试时没有人向我阅读我的答案，而且初试时有些我报考的科目在我来剑桥女校上课前就已相当熟悉。因为那年初我已通过了英文、历史、法文和德文的考试——吉尔曼先生用以前的哈佛试卷考过我。

　　吉尔曼先生将我的答卷寄给考试委员，加附一张证书说明答卷是我——二百三十三号考生的。

　　其他初级考试都以同样的方式进行，没有一次像第一回那么难。我记得在我们拿到拉丁试卷那天，席林教授进来通知我：我的德文高分过关。我大受鼓舞，心情放松，手部发挥稳定，打字流畅，直到考试结束。

第十九章　特殊的困难

　　我在吉尔曼先生的学校读二年级的时候，满怀希望，决心要成功。可是头几个礼拜我就遭遇到了事先没想到的困难。吉尔曼先生同意这一年让我主攻数学，我还上了物理、代数、几何、天文学、希腊文和拉丁文。不幸的是，我需要的许多书籍未能及时被做成凸字版供我开始学习，而且，某些课程的重要器材也还缺着。班级人数很多，老师们不可能特别教导我。莎莉文小姐不得不向我转读一切书本中的内容，代老师们做通译，十一年来我第一次感觉她的手胜任不了这项任务。

我必须在课堂上算代数和几何题，解答物理题目。起先，我无法做到，等我们买了盲文打字机，我才能记下功课中的步骤和内容。我没有办法用眼睛看黑板上画的几何图形，要得到清晰的图形概念就得在衬垫上用两端尖尖的直铁丝或弧形铁丝来作图。照着凯伊斯先生课程中的说法，我脑袋里必须装着图形的字母、假设和结论以及作图和证明的过程。换言之，每一种学习都有障碍。有时候，我勇气尽失，不自觉地泄露出我的心情，个中滋味每每想起就感到羞愧。何况，我困扰的问题事后还被人用来指责莎莉文小姐——虽然我在那边有许多好心的朋友，但她却是唯一可以让曲径变直、让荆棘变坦途的人啊。

不过，我的困难一点一点渐渐被消除。凸字版的书和其他器材被送到了，我恢复信心发奋努力。代数和几何是唯一我拼命努力仍弄不懂的学科。以前我就说过，我没有数学天赋，并没有人充分向我解说困难点。几何图形尤其恼人，因为我看不见各部分之间的相关位置，即使在衬垫上也是如此。直到凯伊斯先生来教我，我才对数学有了清晰的概念。

正当我开始克服这些困难，有一件事发生了，一切为之改变。

就在书本被送达前，吉尔曼先生开始规劝莎莉文小姐，说我学习太辛苦，尽管我郑重抗议，他还是减少了我口头问答的次数。起先，我们说好必要的话我会花五年的时间准备进入大学。但是第一年读完后，我的考试成绩很好。莎莉文小姐、哈包小姐（吉尔曼先生手下的主任老师）和另一位老师认为我只要再花两年时间就可以不太费力地完成准备工作。吉尔曼先生起先也同意这样做。可是当我的功课再次出现一些困难，他坚称我用功过度，要我在他的学校再读三年。我不喜欢他的计划，我希望跟同班同学一起走进大学。

十一月十七日，我身体不舒服，没有上学。虽然莎莉文小姐知道我生病不严重，但吉尔曼先生听见后马上宣称我是由于体力不支导致生病，就擅自更改了我的课程。这样一来，我便不可能跟同班同学一起参加最后的考试了。吉尔曼先生和莎莉文小姐的意见不合。最终，母亲将我和妹妹密尔德瑞转出了剑桥女校。

拖延了一段时间后，亲友们安排剑桥女校的墨顿·S·凯伊斯老师来当我的家教，让我继续完成学业。后半个冬天，莎莉文小姐和我住在波士顿二十五公里外连坦姆镇的朋友张伯林家。一八九八年二月到七月，凯伊斯先生一周两次到连坦姆镇来教我代数、几何、希腊文和拉丁文。授课内容由莎莉文小姐转译。

一八九八年十月，我回到波士顿。凯伊斯先生每周给我上五次课，一节课一个小时，历时八个月。每次他都会为我解释前一次课我不懂的地方，教授新功课，将我用打字机打好的希腊文习题带回去全部批改，然后发还给我。

就这样，我上大学的准备继续进行，没有中断。我发现自己一个人上课要比在课堂上接受教导容易得多，也愉快得多，不匆忙，也不

混乱。家庭老师有充分的时间为我说明我不懂的地方，所以我的进步比在学校快，成绩也比较好。想要精通数学问题还是比精通其他科目要困难。我心想，代数和几何要是有语言和文学一半简单就好了。不过，凯伊斯先生连数学都能教得很有趣。他把问题切割得很小很小，让我的脑子可以很快吸收。他使我的头脑常保灵活和热切，训练我清晰地思考，冷静合理地寻求结论，而不是思路乱跳一通，什么结果都没有。无论我多么迟钝，他始终温和忍耐，相信我。我的愚昧往往叫最有耐心的人也吃不消。

一八九九年六月二十九日和三十日，我参加了拉德克里夫学院最终的考试。第一天考初级希腊文和进阶拉丁文，第二天考几何、代数

和进阶希腊文。

学院当局不允许莎莉文小姐向我转读试卷。于是，柏金斯启明学校的一位老师——尤金·C·温宁先生受聘将试卷替我刻成美国点字版。对我而言，温宁先生是陌生人，除了刻点字，无法与我交谈。监考员也是陌生人，完全不想和我交谈。

点字版在语文科目的考试中效果不错，但等到考几何和代数，困难就发生了。我被搞得迷迷糊糊，浪费了不少宝贵的时间，我感到很泄气，尤其是在代数考试中。我虽熟悉本国通用的各种文学点字——英国、美国和纽约点法——但三种语言系统中的几何与代数记号和符号却有很大的差别。代数的学习中我只用过英国点字法。

考试前两天，温宁先生给我寄来了一份点字版的哈佛代数旧试卷。在我发现试卷中用的是美国记号后，非常恐慌。我立刻冷静下来写信给温宁先生，请他为我解释这些记号。我收到了回函，内附有另一份试卷和记号表，于是我开始学习这些符号。可是，代数考试前夕，我苦苦琢磨了一些非常复杂的例子，却依然区分不出方括号、大括号和根号的组合使用方法。凯伊斯先生和我都很难过，觉得第二天的考试结果可能不妙。不过，我们在考试开始前，先到学院请温宁先生更完整地为我讲解了美国点字符号。

几何方面的困难主要在于我向来习惯于读按整行印刷的命题，或者由别人以手指拼写在我手上。不知怎么搞的，虽然命题就在眼前，我却觉得点字让我搞不清楚，无法将阅读到的内容清晰地呈现在脑海中。考代数的时候更难熬。我自以为认识了考前临时学习的符号，其实根本是迷迷糊糊，更何况我看不见自己用打字机打出来的东西。我一向以点字法表达内心的计算过程。凯伊斯先生太信任我在脑海中答题的能力，没有训练我写试卷的能力。结果，我答题非常缓慢，必须一再地重读例题，才能了解到题目要求我做什么。说真的，到现在我都不敢确定当时我是不是把符号读对了。我觉得，要想随机应变真的很困难。但我不怪任何人。

拉德克里夫学院的行政委员会并未发觉他们把我的考试安排得多么困难，也不了解我必须克服多少奇特的困难。不过，如果说他们无意间在我的道路上布下了重重障碍，我倒有幸——克服了，真是让人深感安慰。

第二十章　大学

争取考上大学的奋斗结束了。现在，我随时可以进入拉德克里夫学院继续上学。不过，大家认为我最好继续在凯伊斯先生身边用功一年再进入大学念书。所以我走进大学的梦想直到一九〇〇年秋天才得以实现。

在拉德克里夫学院的第一天，我记得清清楚楚。那一天，我的眼中充满了好奇，我已企盼多年。我的体内有股潜藏的力量，强过亲友的劝说，甚至强过我内心的请求，迫使我以视力和听力正常者的标准来考验自己的能力。我知道，路上难免有障碍，但我一心想加以克服。我记得一位罗马智者说过："被逐出罗马只是住在罗马境外而已。"我受阻不能走上知识的康庄大道，只得走人迹罕至的小路横越乡野前行——仅此而已。我知道大学可以提供很多便利，让我可以跟同样思考着、热爱着和奋斗着的女生们牵手相携。

我迫切地想开始学业。我发现美丽、光明的新世界就在我眼前，我有权利了解万事万物。在头脑的妙境中我跟别人一样自由。妙境中

的人物、风景、习俗、快乐、悲剧都在栩栩如生地诠释真实的世界。讲堂里似乎充满伟人和智者的圣灵，我认为教授们是智慧的具体代表。此后，我若发现了理想与现实之间的差距，也不会再告诉任何人。

可是，很快我就发现，学院未必是我想象中的浪漫学府。那些让我稚嫩的小心灵欢欣鼓舞的梦想渐渐淡化，"化为日常白昼的光明"。我渐渐发现，上大学也有缺点。

当时我感受最强的是没有时间，至今仍觉得如此。以前，我有时间思考和反思，我的身体和心灵常在傍晚坐着聆听圣灵的内在旋律——唯有在空闲时刻某一位心爱诗人的言语触动了灵魂中至今仍未发声的甜蜜而深沉的琴弦，人们才听得见的那种旋律。但在学院里，我们没有时间跟自己的内在思想进行精神交流。人们上大学似乎是来学习，而不是来思考，一旦进入学问的大门，就得把孤独、书本和想象等最宝贵的乐趣跟潺潺的松涛一起抛在户外。我以为我能说服自己正在贮存宝藏供未来享用，从中找到慰藉。但我这个人生性喜好挥霍，宁愿享受眼前的乐趣，也不愿未雨绸缪。

我在大学第一年学习的科目是法文、德文、历史、英文作文和英国文学。在法文课中我读了高乃依、莫里哀、拉辛、阿尔弗、缪塞和圣贝夫的作品，在德文课中则读了歌德和席勒的佳作，在历史课上我迅速重温了从罗马帝国衰亡到十八世纪的历史，而在英国文学课上我则以批判的角度研读弥尔顿的诗篇和《论出版自由》。

常常有人问我是如何克服上大学的特殊处境。在教室里我当然感到孤单。教授仿佛很遥远，活像是在透过电话授课。授课内容由莎莉文小姐尽快拼写在我手上。为了跟上大家的进度，授课者的大部分个人特色我当然都未能领略。字句仓促地冲过我的手掌，我像猎犬一样追踪一只常常跟丢的野兔。不过，在这方面我倒不觉得自己比那些写笔记的女生们差多少。人若一心忙着听课并匆匆忙忙机械化地把字写在纸上，大概无法注意到文中所使用的题材或者它所呈现的方式吧。上课时，我的手忙着聆听，所以无法做笔记。通常，回到家我才匆匆记下我所记得的内容。我以打字机作答习题、每日作业、评论、随堂测验、年中和期末考卷。教授们不难发现我所知道的是多么的稀少。在我开始上拉丁韵律学的时候，我自行发明了一套符号系统来指明不同的格律和音韵的长短，并向我的教授解释过。

我使用哈蒙牌打字机。我试过许多种牌子的打字机，发现哈蒙牌最能适应我课业学习中的特殊需要。这架打字机可以使用活动的活字梭。我们可以备好几个梭子，每个梭子上装上不同套的字体——希腊文、法文或数字等等，想在打字机上打出哪一种东西就用哪一套梭子。如果没有这种打字机，我真怀疑我没有办法上大学。

各门课程所需要的书中很少有盲人专用的版本。我不得不靠人在我手上拼字来学习。结果，我准备功课所需的时间比别的女生长得多。手语字母较费时，而且，我会遇到她们所没有的疑惑。有时候，我必须密切注意细节，精力损耗得很快。想到我必须花好几个小时读两三个章节，而外面的女孩子却正在笑、正在唱歌、正在跳舞，我就感到很不公平。可是，没过多久，我又马上恢复乐观，对心中的不满一笑置之。毕竟每一个想要得到真知的人都必须独自爬过危险的山丘，既然没有快活好走的康庄大道通向峰顶，那我必须以自己的方式曲折上山。我滑落过好多次，我跌倒，我站着不动，我撞到隐藏的障碍，我发脾气，又恢复正常。我往前跋涉，稍有收获，便感觉大受鼓舞，变得更热切，爬得更高，渐渐看到越来越广阔的地平线。每次挣扎都是一场胜利。再努力一次，我就会抵达光亮的云端，苍穹深处，我愿望的高地。

不过，我的奋斗不见得永远孤单。威廉·韦德先生和宾州盲人教导学校校长E·E·艾伦先生给我找来了好多我需要的凸字版书籍。他们的体贴对我的帮助和鼓励远比他们知道的来得大。

MOSES.

在拉德克里夫学院上学的第二年，我专修了英文作文、《圣经》英语文学、美国和欧洲政体、贺拉斯的几首诗赋以及拉丁文喜剧。作文课最令人愉快，非常生动。课程始终很有趣、很活泼。在课堂上，大家妙语如珠。这一科的老师查尔士·唐森·柯普兰先生比我至今遇到的任何一位老师更能把文学的原创新鲜感和威力呈现在你面前。在短短的一个小时里，你可以酣饮古代大师们的永恒美感，尽情享受他们卓越的思想而用不着任何解说或阐释。你以整个灵魂欣赏《旧约》的雷霆万钧，忘记耶和华与埃洛希姆。你回家自觉"瞥见了灵与体永恒而和谐安住着的完美境地，在古老的时间的枝干上长出真与美的新芽"。

这一年最令我快乐。因为我正在研修自己特别感兴趣的科目——经济学及伊丽莎白时代文学——并在乔治·L·基特里奇教授手下进修莎士比亚，在乔西亚·罗埃斯教授手下进修哲学史。透过哲学，我们可怀着理解和同情踏入不久前还觉得异质和不理性的古代传统与其他思考方式之中。

但学院并不是我所以为的神秘的雅典城。人在那边不会跟伟人和智者面对面邂逅，我们甚至感受不到他们活生生的触感。他们的确存在，但他们似乎被处理成了木乃伊。我们必须将他们从满是裂缝的学院的石墙中拉出来，加以解剖分析，才能确定我们面对的是真的弥尔顿或先知以赛亚，而不只是高明的仿造品。我总觉得很多学者忘了，我们欣赏伟大文学作品的理解力比依赖同情的程度更重要。问题是他们费力的说明很少留在我们的脑海。心灵抛下那些说明，有如树枝抛下过熟的水果。认识一朵花，连同根、茎等物和它的一切生长过程都了解得清清楚楚，还是很可能不懂得鉴赏沾着露水的鲜花。我一次又一次不耐烦地暗自疑惑："我何必忙着记住这些说明和假设呢？"这些东西在我的思绪中飞来飞去，像失明的鸟儿以无用的翅膀猛拍空气。我不是要反对去透彻了解我们阅读的名著，只是反对在抗议无止境的批注和叫人迷惑的评论。其实，评注只让我们看出一件事：世上的意见跟人数一样多。但若由基特里奇之类的大学者来诠释大师说的话，就"恍如给盲人带来新视野"。他把诗人莎士比亚带回来了。

不过，有时候我恨不得去掉一半规定要学的东西。因为头脑如果过度劳累，就无法享受它花大代价得来的宝藏了。我想，一天读四、五本语言不同而且题材天差地别的书，必然会让人迷失读书的目的。人紧张兮兮地匆匆阅读，满脑子测验和考试，等于脑袋里堆满许多看起来似乎没什么用处的精致小摆设。目前，我的脑子里装了好多不同类的事，简直没法理出头绪来。每当我进入自己头脑的领域，感觉就像俗谚中所说的"置身于瓷器店的公牛"。无数零星的知识像冰雹在我的脑袋四周冲撞。我想躲，各种主题精灵和大学怪兽对我穷追不舍，我真恨不得——喔，但愿我这邪恶的愿望能得到宽恕——恨不得把我膜拜的偶像们砸个稀巴烂。

考试是我大学生活的主要烦忧。虽然我已面对过许多回考试，将难关完全打垮，考试却一再冷漠地威胁我。最后，我像舞台剧的主角鲍勃·艾克斯，感觉勇气从指尖慢慢流逝。考验来临前的日子，你需要整天想办法死记神秘的公式和难以消化的日期——都是难以下咽的饮食。到最后你简直希望书本、科学和你自己都被埋进大海深处。

最后，大家害怕的一刻来临了。你若自觉准备充分，能在恰当时刻呼唤出你平常的思路帮助你应付无比的大难关，那你真是天之骄子。有时候，你的呼吁会失灵。就在你需要良好的记忆力和鉴识力之际，这些功能偏偏长翅膀飞掉了，实在令人不解，令人生气。你千辛万苦背诵的东西在必要时却想不起来。

"简短描述赫斯及其作品。"赫斯？他是谁，做过什么事？名字出奇地熟悉。你仔细搜寻你所记得的历史事例，就像在放布的袋子里寻找一小块丝绸。你记得它就在头脑的顶层附近——前几天你查"宗教改革运动"的开端时曾见到过嘛。如今在哪里呢？你找寻各种零星的知识——革命、组织分裂、大屠杀、政府制度。可是赫斯究竟在哪里？你讶异于自己知道的好多东西都没出现在试卷上。绝望中，你抓起那些历史事例，全部倒了出来。喏，你要找的人物就在角落里，沉着地想着他的心事，对于他带给你的灾难浑然不觉。

就在这个时候，监考老师通知你时间到了。你带着强烈的不悦把那垃圾知识踢进角落里走回家，一心想着革命性的计划，想废除教授未经受询问者同意就发问的天赋神权。

我忽然发觉本章的最后两三页用了一些会让我成为笑柄的修辞方式。啊，这就对了！混合的隐喻在我面前讽笑着，趾高气扬，对饱受冰雹和冷眼攻击的"瓷器店公牛"指指点点，那真是无法分析的物种，让它们讽笑吧。上述字句精确描述了我置身的横七竖八相互推挤的思绪氛围，我要向它们眨一眨眼，装出从容不迫的样子说：我对大学的想法已经改变了。

在我来拉德克里夫学院前，它仿佛带有一圈浪漫的光环，如今光环已经褪去。可是，从浪漫转到实际的过程中，我学到了不少东西。如果没有此番经历，我永远不可能懂得那么多做人的道理。其中之一便是珍贵的忍耐技巧，它让我们感觉受教育就像在乡间散步一般，要优哉游哉，心灵尽情地开放，迎接各种印象。

这种知识以深刻思想的无声浪涛浸润着看不见的灵魂。与其说"知识就是力量"，不如说知识就是幸福，

因为有知识——广阔又深刻的知识——就能分辨真假目标，分辨崇高和低下的事；能知道在人类进步史中留下刻痕的思想和言行；就能感受到人类千百年来伟大的心灵悸动。人若未在这些律动中感受到上进的奋斗力，那么他一定听不见人生的优美曲调。

第二十一章　我的理想国

我如此简略刻画了我生命中的大事，但我还没说明我是多么依赖从书本中找乐子，求得书本带给一切读书人的智慧，甚至别人透过眼睛和耳朵得来的知识我也要靠书本去取得。说真的，书本在我教育中的意义比别的事物更重要，所以我应该回溯一下我开始阅读的时期。

一八八七年五月，我年方七岁，阅读了生平第一则连贯的故事。从那天到现在，凡是我饥渴的指尖接触得到的印刷纸，我都恨不得狼吞虎咽地吸收进去。我说过，我在教育初期并没有固定上学，也没照规则读书。

起先，我手头只有几本凸字版印刷的书——初学者读本、一套儿童故事集和一本名叫《我们的世界》的谈地球的书。我以为世上的书只有这些。我一读再读，最后书中的字体都变旧、变平，几乎认不出来了。有时候，莎莉文小姐在我手上拼字，将她知道的我可以懂的小故事和诗歌转读给我吸收，但我喜欢自己读，不喜欢别人代劳，因为遇到合意的东西我喜欢多读几遍。

我在第一次造访波士顿时才真正开始认真阅读。我获准每天在启明学校的图书馆度过部分时光，在书架间闲逛，把手指无意间发现的书取下来。尽管书页上十个字里我只懂得一两个，但我仍热心读了下去。是文字本身叫我着迷，所以我不会特意去想我读了什么。不过，那段时期我的头脑一定非常容易受影响，脑中留下了许多我完全不理解含意的单字和完整的句子。后来，我开始说话和写东西，那些字句自然而然地快速闪现，朋友们都讶异于我的词汇如此丰富。我一定以这种不解其意的方式读过许多书的部分内容（我想我在早年从未从头到尾读完过一本书）和很多诗篇。后来，我发现了《小伯爵》，那是我理解并且完整阅读的第一本书。

有一天，老师发现我在图书馆的一角细读《红字》。当时我大约八岁。我记得，她问我喜不喜欢小女孩珍珠，还为我解释了几个我弄不懂的字。接着，她跟我说她有一本描写小男孩美丽故事的书，一定比《红字》更讨我欢心，故事书名叫《小伯爵》。她答应接下来的夏天要向我转读本书，但我们直到八月才开始阅读。逗留在海边的头几个礼拜有好多新发现，非常刺激，让我完全忘了书本的存在。接着，老师到波士顿访友，离开了我一段时间。

她回来后，我们马上开始读《小伯爵》。我清清楚楚地记得我们读头几章内容的时间和地点。那是八月的一个暖洋洋的下午，我们一起坐在离房子不远的两棵大松树间悬着的吊床里。午餐后，我们匆匆洗好碗盘，以便下午有尽可能长一点的时间阅读那个故事。我们匆匆穿过高草朝吊床走去，蚱蜢群围在我们四周，黏在我们的衣服上。我记得老师坚持要把它们全部拿掉才肯坐下，我总觉得是在白白浪费时间。老师远行期间吊床没有人用过，上面布满松针。温暖的太阳照在松树上，把香味全都诱发出来。空气和煦，有海风的气味。开始阅读前，莎莉文小姐先向我解释她认为我不懂的东西，我们一面读，她一面解释我不熟悉的字。起先，我不认识的字很多，阅读经常会被打断。可是等我彻底了解了情况，我就全神贯注于故事内容，不只注意单字。莎莉文小姐觉得有必要解释的地方，我听得很不耐烦。等她的手指累得没办法再拼字，我头一次深刻地感觉到自己失明失聪的缺憾。我双手拿着书，拼命想摸到字母。那股强烈的渴望，我永远难以忘怀。

后来，经过我强烈的要求，安那诺斯先生把这篇故事做成了凸字版。我一读再读，几乎倒背如流。整个童年，《小伯爵》始终是我甜

蜜的好伙伴。由于这些细节跟我含糊、易变、混乱的早期阅读记忆形成鲜明的对比，所以我愿意冒着显得冗长沉闷的风险，将这件事说出来。

我觉得我真正对书本感兴趣始于《小伯爵》。接下来两年，我在家和在波士顿作客期间读了不少书。我不记得全部书名或阅读的顺序，但我知道其中包括《希腊英雄》、拉·封丹的《寓言诗》、霍桑的《奇书》《圣经故事》、兰姆的《莎士比亚故事集》、狄更斯的

《写给孩子们看的英国史》，还有《天方夜谭》《瑞士家庭鲁滨孙》《天路历程》《鲁滨孙漂流记》《小妇人》以及美丽的小故事《孤女海蒂》——后来我读到了这则故事的德文版。我在用功和玩耍的空档间阅读，快感越来越强烈。我不会加以研究或分析——我不知道这些书写得好不好，也从未思考过文风或作者身份的问题。他们把宝藏放在我跟前，我就像接受阳光和亲友的爱一般接受下来。我爱《小妇人》，因为这本书使我自觉跟视力和听力正常的男孩、女孩们意气相投。尽管我的人生多方面受到限制，但我必须从书本的字里行间找寻外面世界的信息。

我不太喜欢《天路历程》，所以没有读完。拉·封丹的《寓言诗》我也不太喜欢。我起先是读英译本《寓言诗》，不太热衷。后来，我再读法文本，发现虽然字面描述栩栩如生，用字也十分精炼，但我还是不怎么喜欢。不知道为什么，我一向不太喜欢把动物描写成跟人一样说话和行动的故事。滑稽的动物漫画占满我的脑子，完全想不起道德寓意的存在。

而拉·封丹很少诉诸我们更高的道德感。他触动的最高心弦是理性和自恋。整个寓言都在传达一种思想：人的道德完全来源于自恋，如果自恋受理性引导和限制，幸福便伴随而来。就我看来，自恋其实是万恶之源。当然啦，可能我说得不对，因为拉·封丹观察人的机会远比我多。愤世嫉俗和充满讽刺的寓言倒不像猴子或狐狸教人大道理的故事那样让我反感。

《丛林奇谭》和《我所知的野生动物》我却很喜欢。我对动物本身真的有兴趣，因为它们是真的动物，不是人类的讽刺画像。我们同情它们的爱憎，为它们的有趣朗笑，为它们的悲惨哭泣。若将它们指向某种道德，也微妙得让我们不知不觉。

我的心灵自然欣然接受古代的观念。古希腊的神秘迷住了我。幻想中异教的男神和女神依旧在世间出没，跟人面对面交谈，我在心底暗暗为我最喜欢的神明建庙。我认识和喜爱所有的林中仙女、英雄和半神半人——不，不是全部都喜欢，米迪亚和杰森的残酷与贪婪太恐怖了，饶恕不得。我常纳闷为什么众神容许他们先犯错，然后再惩罚他们的恶行。谜团至今未解。我常常暗想道：

上帝怎会沉默不语，

任由罪孽咧着嘴爬过他的时间之屋。

史诗《伊利亚特》使得希腊成为我心目中的天国乐园。我在还没读原著之前，已对特洛伊城的故事非常熟悉。

结果当我越过文法的篱笆墙之后，毫不费力地就让希腊文字交出了其蕴含的宝藏。不管是希腊文版还是英文版的希腊诗都用不着旁人诠释，只要有一颗善感的心就能理解。但愿那群以分析、罚写作业和吃力的评注等方式使得诗人的伟大作品变得可憎的迂腐的先生们能明白这个简单的真理：我们未必要能明白每一个字的意思，找出字的主要变化以及它在句子里的文法地位才能了解和欣赏一首好诗。我知道，博学的教授们在《伊利亚特》史诗中发现的宝藏远比我多，但我不贪心。别人比我有智慧我也欣然接受。可是他们尽管有广博又详尽的知识，却无法衡量出他们对那首壮观史诗的欣赏程度，我也一样。我阅读《伊利亚特》最美的段落时，深深地察觉到有股灵魂意识带我超脱出一生钳制重重的狭隘环境。我把自己的生理限制抛到脑后——我的世界在上方，拥有天空的高远和辽阔！

我对《埃涅阿斯纪》的崇仰程度稍逊，却一样真切。我尽可能不靠注释或字典阅读，而且喜欢经常翻译我特别喜欢的片段。有时候，维吉尔的文字描绘得美妙极了！但他笔下的神与人，像戴着伊丽莎白时代面具的优美形影，走过热情、纷争、怜悯与爱的场景。《伊利亚特》剧中的人与神却跳跃了两三下，继续唱歌。维吉尔像月光下的阿波罗大理石像安详而迷人；荷马却像艳阳下帅气活泼的青年，头发随风飘扬。

在书的天空里飞翔，多么自在！从《希腊英雄》到《伊利亚特》可不止一天的航程，也不见得一路愉快。我疲惫不堪地跋涉过文法和字典的迷宫，或者掉进各级学校为扰乱求知者的心神而设计的考试深坑。耗费的时间够人环游世界好几回了。我猜结果证明这种"天路历程"完全正当。但我总觉得，虽然路上的转角会不时碰到意外的惊喜，但这种历程却好像长得漫无止境。

早在我不可能理解《圣经》的时候，我就开始读《圣经》了。现在，我竟一度觉得自己的灵魂听不见《圣经》奇妙的和声，实在很奇怪。但我记得，某个下雨的礼拜日早晨，我没有别的事可做，就请表姐为我读了一则《圣经》故事。虽然认为我不可能懂，但她还是把约瑟兄弟的故事逐字拼写在我手上。不知怎么，我一点兴趣都没有。奇怪的用语，又颇多重复，使得迦南地的故事显得很不真实、很遥远。

我睡着了，神游到兄弟们穿着杂色外套到雅各布帐篷撒谎之前的诺德国度！我不懂为什么希腊人的故事在我心目中魅力十足，《圣经》故事却一点趣味都没有。或许是因为我在波士顿认识几位希腊人，受到他们热爱自己国家故事的精神影响，而我却没见过希伯来人或埃及人，所以断定他们不过是野蛮人，描写他们的故事可能都是捏造的。说也奇怪，我从来不觉得希腊的父系姓名"古怪"。

但我要如何诉说后来我在《圣经》里发现的光辉呢？几年来，我阅读《圣经》，愉悦感和灵感一天天扩大。我对《圣经》的喜爱超过任何一本书。不过《圣经》中还有许多内容引起了我本能的反感，甚至让我对于不得不从头读到尾而感到苦恼。我想我所得到的历史和数据方面的知识无法弥补我被迫接受的让人不愉快的细节。虽然我比任何人更反对漠视或篡改这些伟大的作品，但我个人真希望在豪韦尔斯先生的教导下，往日的文学能去掉丑恶和野蛮的内容。

《旧约》中《以斯帖记》的故事单纯且含有令人佩服的可畏成分。还有什么比以斯帖站在恶主子面前的场面更戏剧化的？她知道自己的生命握在他手里，没有人能保护她逃离他的怒火。但她克服女性的恐惧，受高贵的爱国情操鼓舞，走近他，心中只有一个念头："我若死就死吧！可是我若活着，我的族人便可存活。"

路德的故事也是如此——充满东方风味！这些单纯的乡下人跟波斯首都的人多么不同啊！路德跟收割者一起站在随风摇摆的谷物间，多么忠贞、多么和善。我们忍不住爱慕她。她美丽无私的灵魂像残酷时代黑夜里的星星闪闪发亮。像路德这种无私和高尚的情操，反抗冲突的教义和深沉的种族偏见，在世界各地都很难找到。

《圣经》让我深刻认识到"有形的东西是短暂的，无形的才能永垂不朽"。

从我懂得爱惜书，我便想不起有过不爱莎士比亚的时候。我无法明确说出自己从什么时候开始阅读兰姆的《莎士比亚故事集》，只知道起先我是带着孩童的理解力和赞叹来阅读的。《麦克白》似乎最能打动我，读一次就足以将故事的细节永远深印在脑海。甚至有很长的一段时间，幽灵和女巫追着我入梦。我可以看见——完全看见——匕首和麦克佩斯夫人白白的小手上可怕的污痕，在我心目中和悲痛的王后眼中同样真切。

读完《麦克白》之后，我马上开始读《李尔王》，我永远忘不了我在读到葛洛斯特的眼珠子被挖出来那一幕时的恐惧感。愤怒浮上心头，我的手指不肯再动，僵坐良久，鬓角的血脉贲张，儿童感受得到的憎恨都集中在心头。

我一定是在同一时期结识夏洛克（《威尼斯商人》中狠心的高利贷者）和魔鬼撒旦，因为我长期将这两个人物联想在一起。记得我曾为他们难过，依稀觉得就算他们想变好也不可能，因为没有人愿意向他们伸出援手或者给他们公平的机会。即使是现在我内心仍无法完全

厌恶他们。有时候，我觉得夏洛克、犹太人甚至魔鬼本身都是善德大轮中断掉的车轴，假以时日必能修复完整。

说也奇怪，第一次阅读莎士比亚作品的回忆并不愉快。明朗、温和、富有想象力的戏——也就是我现在最喜欢的戏——起先似乎没有打

动我，也许因为这些戏反映出的是童年生活中常见的阳光和热闹吧。但"最反复无常的莫过于孩童的记忆，会牢记的，会失落的，都反复无常"。

后来，我多次读过莎士比亚的名剧，背下了部分章节，但我说不出自己最喜欢哪一部。我的喜好随心情变化。小诗歌和十四行诗对我另有意义，其清新美妙不下于剧本。我尽管深爱莎士比亚，但要按照批评家和评注家的指示读出言外之意仍然很累人。以前，我尽量背下他们的解析，却感到灰心和懊恼，所以我暗自决定不再尝试。后来，在基特里奇教授手下研读莎士比亚，我才打破内心的羁绊。我知道世间和莎士比亚的名著中都有很多我理解不了的事，但我庆幸帷幕被一层层逐渐掀开，新的思想和美的领域再次显现。

我对于历史的爱好仅次于诗。凡是能到手的历史作品我都读过了。从枯燥的史实目录和日期到格林氏公正独特的《英国民族史》，从弗里曼的《欧洲史》到埃默顿的《中世纪》，不一而足。我在十三岁生日那天收到了史文顿的《世界史》，首次真正感受到历史的价值。虽然我相信这本书已被公认不权威，但我一直将其当作宝藏珍藏着。我从中学到了人类种族如何散布各地，建立起大城市中少数而伟大的统治者——地上的强者——如何将一切踩在脚下，以果断的言辞为几百万人打开幸福的大门，又为几百万人关上幸福之门；不同的国家和民族如何在艺术和知识方面拓荒，为未来世纪更大的进步开疆辟土；文明如何经历堕落时代的浩劫，又像火凤凰一样在更高贵的北国子孙中浴火重生；伟人和智者如何凭借自由、容忍和教育开辟解救全世界的道路。

我在大学看书时，对法国和德国文学渐渐有了了解。德国人无论在生活或是文学中都重视力甚于美、真理甚于风俗，二者都有股激烈而强劲的活力。他们说话不是要打动别人，而是因为若不为灵魂中炽烈的思绪找寻出口，心就会迸裂开来。

而且，德国文学的细致和严谨深得我心。承认女人自我牺牲的爱有救赎的潜力，这是德国文学的主要光辉。一切德国文学都弥漫着这种想法。歌德的《浮士德》玄妙地将其予以表达：

一切无常物

宛如象征

大地的不足

增长成大事

难以描摹的

此处已完成

女性的灵魂

带领我们向上向前行！

我读过不少法国作家的作品，最喜欢莫里哀和拉辛。巴尔扎克的作品和梅里美的某些段落偶有佳作，像一阵阵海风沁人心脾。缪塞可真叫人受不了！我佩服雨果——虽然他不是我热爱的文学家，但我欣赏他的才华、他的聪颖和他的浪漫。不过，雨果、歌德和席勒以及世界各国的所有伟大诗人都是永恒事物的诠释者，我的心灵虔敬地追随着他们进入汇聚真善美的国度。

对于我的书友，我恐怕着墨太多了，但其实我提到的仅仅是我最爱的几个作家而已。若根据这一点，大家很容易以为我的交友圈非常有限，不合乎常规原则。这个观念是完全错误的。我会因许多理由

喜欢许多作家——喜欢卡莱尔，是因为他粗犷的人性和蔑视虚伪的态度；喜欢华兹华斯，是因为他教会我们人和大自然是关联一体的；从歌德的古怪和奇情中，从赫瑞克的奇趣和他诗中百合与玫瑰的浓香中，我找到了一种雅致的快感；我喜欢惠提耶的热情正直，我认识他本人，每每想起我们的友情，我对他的诗的兴趣更加浓厚；我爱马克·吐温——谁不爱呢？连神明都爱他，把各种智慧放入他心底，又怕他变成悲观主义者，就在他的头脑上架起了一道爱与信的彩虹；我喜欢司各特的清新、果敢和诚实；我喜欢罗威尔之类的作家——头脑在乐观的阳光下激昂起来，欢乐和善意如泉涌，偶尔溅起愤怒的水浆，再四处喷出同情和怜悯的博爱的小水花。

简而言之，文学是我的乌托邦。我在这儿并未被褫夺公权。没有感官上的障碍能阻碍我享受同书友们甜蜜和蔼的谈话。他们跟我交谈，并不觉得尴尬或为难。与他们的"大爱和天使般高贵的慈悲心"相比，我学到的东西和老师、亲友们的教诲都显得微不足道。

第二十二章　忘我中有喜悦

　　我相信各位读者看了前面谈书的章节，不至于断定阅读是我唯一的乐趣。其实我的乐趣和消遣很多，而且千变万化。

　　我在自述中不止一次提到我热爱乡村和户外运动。我很小就学会了划船和游泳。在麻州连坦姆镇的时候，夏天我几乎住在船上。朋友们来看我，我最大的乐趣莫过于带他们外出划船。当然啦，我不太会操控船只。我划船的时候通常会有人坐在船尾驾驭舵轮。不过，有时候我划船不用舵轮，靠水草和百合的香味以及岸边生长的灌木的气味指引前进实在很好玩。我使用有皮带的桨划船，可以使桨叶固定在桨架中，船桨悬空不动时，可以凭借感受水的阻力得知。逆水划的时候，我也能凭借水的阻力分辨出来。我喜欢迎战风浪，让忠贞的小舟服从意志和体力，轻轻漂浮在斜斜的晶莹的波浪上，感受着水澎湃的律动。还有什么比这更令人兴奋呢？

我也喜欢划独木舟。如果我说我尤其喜欢在月夜泛舟，你一定会偷笑吧。没错，我看不见月亮从松树后面爬上天空，悄悄划过天际，留下一条闪亮的光路让我们追随，但我知道她在那儿。我仰靠在舟上，把手伸进水里，幻想我摸得到月光走过时外袍的幽光。大胆的小鱼偶尔从我指缝间滑过，睡莲常常害羞地抚摸着我的手。当我们驶出小水湾的避风港，我常常突然察觉到四周的空气辽阔起来，似乎有股光亮的暖意包围着我。到底是来自被太阳晒暖的树木，还是来自水面，我永远不可能知晓。即或在城市中心我也有过同样奇怪的感觉，在寒冷的风雨日和黑夜也曾感受过，就像温暖的嘴唇吻上我的脸。

我最爱的消遣是扬帆出海。一九○一年夏天，我造访加拿大的诺瓦史科西亚省，首度有机会认识大海。在诗人朗费罗笔下迷人的"伊凡吉林之乡"欢度数日后，莎莉文小姐和我前往哈利法克斯，在那儿度过大半个夏天。海港是我们的天堂，我们的乐园。我们搭帆船前往贝德福盆地，前往马克纳布岛，前往约克锐道特，前往西北狭长海湾，实在太棒了！

　　晚上，在沉默的大军舰的阴影下更是怡人而又奇妙。噢，一切都好美、好有趣，那段回忆永远乐趣无穷。

　　某一天，我们体验了一把惊险和刺激。西北狭长的海湾有一场赛船会，小船是不同的军舰派来的。我们跟很多人一起搭乘帆船观看比赛。附近有几百艘小帆船，熙来攘往。海面很平静。比赛结束后，我们掉头返航，有人发觉有乌云从海上飘来，越来越广，越来越密，最后竟布满整个天空。风起了，浪花猛烈地拍打着看不见的障碍。我们的小舟勇敢地面对强风，船帆怒张，绳索绷紧，整艘船活像坐在风上，一会儿在波涛里回旋，一会儿在大浪上跃起，然后呼啸着沉了下去。主帆掉下来了。我们呈"之"字形迎风横移，跟刮来的风搏斗。风使劲把我们从这边刮到那边。我们心跳加快，双手并不是因为害怕

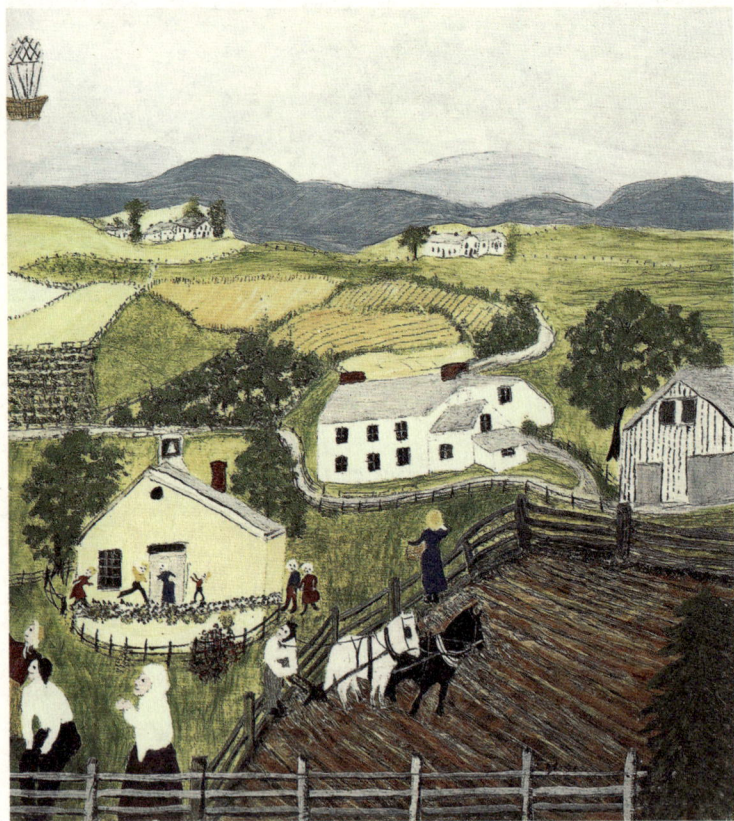

而是激动地发抖。我们有北欧海盗的勇气，知道领队可以掌控情势。他曾以坚定的手和善于航海的眼睛带领船只熬过多次暴风雨。港口里的大游艇和炮艇在经过我们身边时，都向我们行礼，船员们也为唯一大胆驶入暴风雨的小帆船大声喝彩。最后，我们饥寒交迫，终于驶到码头。

去年夏天，我在新英格兰村庄最怡人的角落度过。麻州的连坦姆镇几乎跟我的一切快乐和悲哀密切相关。多年来，J·E·张伯林先生一家居住的"菲利普王地"旁边的"红农庄"成为我的家园。每当想起这些亲爱的朋友以及我跟他们共度的快乐时光，我的内心就非常感激。他们的小孩跟我甜蜜相伴，对我意义非凡。他们进行运动、在林中散步、在水中嬉戏，我都有参与。年幼的几个小孩，喜欢听我给他们说小精灵和地精、英雄和刁钻熊的故事，回忆起来真是让人开心的乐事。张伯林先生带领我认识树木和野花的奥秘，我终于以爱的小耳朵听见橡树体内汁液的流动，看见阳光在叶片间闪烁。就这样——

> 宛如树根关在黑暗的大地，
> 借着大自然的同情，
> 分享树梢的快乐，
> 遐想阳光、浩瀚的空气和带翅的物体，
> 我亦如此认识了未能看见的东西。

我总觉得，我们每个人都有能力理解亘古以来人类所经历的印象和情绪。每一个个体都会潜意识地记得青翠的大地和潺潺的流水，即使失明失聪也不会失去他这项历代祖先所赐予的天赋。这种继承而来的能力就是第六感———一种视听触一体的灵魂的知觉。

　　我在连坦姆镇有很多大树朋友。其中一棵是壮观的橡树，让我发

自内心地引以为荣。我带所有朋友去看这棵屹立在俯视"菲利普王地"的峭壁上的帝王树。熟悉大树知识的人说，它大概已在那儿屹立了八百年甚至一千年了。传说英勇的印第安酋长菲利普王曾在这棵树下最后一次凝视大地和天空。

我还有一个大树朋友，是长在"红农庄"院子里的菩提树，它比大橡树还要温和可亲。有一天午后，下着可怕的雷雨，我感到屋子一边有巨大的碰撞，家人还没告诉我，我就知道菩提树倒了。我们出去看这棵抵挡过许多暴风雨的英雄，发现它努力奋斗又重重倒下，平躺在地上，我心痛极了。

我要特别描写那年夏天的事。连坦姆镇因三个湖泊而知名，在其中一座湖边有我们的一栋小房子。考试一结束，莎莉文小姐和我便立刻赶到这个绿色的角落。此处晴朗而漫长的夏日完全由我支配，工作、学校和吵闹的城市等等完全抛到脑后。

我们在连坦姆偶尔听见世界局势的回音——战争啦，联盟啦，社会冲突啦。我们听说遥远的太平洋有不必要的残酷战斗，也得知劳动人民和资本家在战斗。我们知道我们的伊甸园外有人放弃一天的假期来辛苦工作，创造历史。但我不太理会这些事。一切都会过去。但是这些湖泊、树林、点缀

着雏菊的宽阔田野和芬芳的草地将永世长存。

有些人以为知觉要透过眼睛和耳朵才能传到我们心里，除了城市的街道和乡村的道路之间有没有铺石板的差异之外，我居然能发觉其他的差别，他们表示很吃惊。他们忘了我全身都可活生生地感受四周的情境。都市的轰隆和呼啸袭击着我脸上的神经，我感受得到那些我看不见的群众那不停地践踏。然而，不和谐的骚乱更折磨着我的精神。若非明眼人被热闹大街上常见的活动景致分散了注意力，重型车辆在硬石子地上的碾压以及单调的机器的轰鸣声对神经的折磨会更加可怕。

乡间只见大自然的优美杰作，没有拥挤城市的残酷生存竞争来伤害心灵。我好几次造访贫民窟里又窄又脏的街道，想到有本事的人高高兴兴地住在好屋子里长得健康美丽，这些人却注定要住在可憎的没有阳光的贫民区，变得丑陋、枯槁、畏畏缩缩，我就激动愤慨。挤在这些污浊暗巷的小孩衣不蔽体、营养不良，有人向他们伸手，他们急忙躲开，好像会有人打他们一样。亲爱的小家伙们盘踞在我心头，害我一直感到心痛。还有些人饱经风霜，身体驼得不成样子。我摸过他们粗粗硬硬的手，体会到他们的生存必定是无尽的挣扎——只是一连串的混战，想要改善却充满阻碍和挫折罢了。他们的人生似乎代表着努力和机会之间存在着极大的落差。我们说阳光和空气是上帝赐给大家的免费礼物，真的如此吗？城市的污浊暗巷里，阳光照射不到，空气也散发着恶臭。噢，人类啊，你们怎能遗忘并阻挠你们的弟兄，在他们没有粮食的时候冲他们喊着"请赐给我们今天的粮食"呢？噢，但愿人们离开城市，抛下城市的繁华、骚乱和金光，重返树林田野，过简单、正直的生活。愿他们的小孩长得像高贵的树木一般雄伟，思想如路边的花朵般甜蜜纯洁。我在城市苦读一年后回到乡间，简直不可能不想这些事。

再次感觉脚下踩着柔软的富有弹性的大地，走上通往羊齿小溪的青草路，到了溪边可以将手指浸在潺潺的水瀑中，或者爬过石墙进入

绵延、起伏、攀升的绿野，实在太高兴了！

　　除了悠闲地散步，我还喜欢骑着双人自行车"飞奔"。凉风迎面吹来，铁马弹弹跳跳，感觉真棒。快速地穿过空气，使我有种强壮和轻快的怡人感受，这项运动让我的脉搏跳舞，让我的心脏唱歌。

我散步、骑马或扬帆出海，爱犬尽可能相随。我有很多狗朋友——玛斯第夫犬、目光柔和的斯派尼尔犬、熟知树林的萨脱猎犬、正直平凡的第锐尔犬等等。目前，我最爱一条第锐尔犬。它的血统书很长很长，尾巴弯弯的，拥有犬类中最古里古怪的"面孔"。我的狗朋友们似乎了解我的缺陷，在我一个人的时候，它们总是紧跟在我身边。我爱它们重感情的脾性和拼命摇尾巴的样子。

　　下雨天不能出门，我就学别的女孩子做些事情打发时间。我喜欢用平针和钩针编织东西；我用随遇而安的方式读书，东一行西一行；或是跟朋友下一两盘西洋棋或者国际象棋。我有一个特制的棋盘，方格都被剪掉，棋子可稳稳地站在格子里。黑棋是扁的，白棋顶上有弧度。每个棋子中央有洞，可以放入一个铜钮，用来区分国王和平民。棋子有两种尺寸，白的比黑的大，所以下子后我可以用手拂过棋盘，毫不费力地追踪对手的套路。感觉着棋子由一个洞移到另一个洞的震动，我可以知道什么时候轮到我。

　　我若恰好孤零零一个人，而且心境悠闲，就玩一种我很喜欢的单人游戏。我使用右上角有点字符号标明每一张牌身价的纸牌来玩。

　　如果附近有幼童，陪他们嬉戏再开心不过了。我觉得连最小的小孩都是绝佳的伙伴。我庆幸通常幼童们很喜欢我。他们牵着我到处走，让我见识他们感兴趣的东西。当然，小家伙们无法用手指拼字，但我有办法辨识他们嘴唇的动作。若我辨识不出来，他们就改演哑剧。有时，我会理解错，给出错误的回应，孩子们便哄堂大笑。于是，哑剧又得从头开始。我常常说故事给他们听或者教他们玩游戏。时光不知不觉地飞逝，我们都很开心。

博物馆和艺术品店也是我的乐趣和灵感的源泉。一定有很多人觉得奇怪，不靠视觉的帮助，仅凭一双手掌竟能从冰冷的大理石雕像中感受到动力、情操和美。但我从触摸艺术杰作中真的得到了诚挚的快乐。我的指尖追溯线条和弧度，发现了艺术家刻画的思绪和情感。我可以在神明和英雄的脸孔上感知仇恨、勇气和爱，正如我获准摸活人的面孔时，也可以察觉到种种情绪。我由月神黛安娜的美姿中感受森林的优美和自由，以及驯服山狮、克制凶猛激情的精神。我的灵魂以维纳斯像的安详和优雅的曲线为乐，而巴瑞氏所塑造的铜像更向我展现了丛林的秘密。

一块荷马的圆雕挂在我书房的墙上，位置很低，方便我可以轻易伸手，怀着敬爱去触摸那张美丽而哀伤的面孔。他庄严的额头上的每一条纹路我都清清楚楚——那是生命的轨迹，是挣扎和忧伤的见证；冷冰冰的石膏像里，一双失明的眼睛正在追寻光明和他所爱的希腊蓝天，但却徒劳无功；那美好的嘴巴坚定、真诚、温婉，那是诗人的脸，饱经忧患的男人的脸。啊，我多么了解他的缺陷——他所居住的永恒的黑夜啊——

　　噢，黑暗，黑暗，
　　在正午的光辉里，

不能挽回的黑暗，

全蚀，

毫无白昼的希望！

想象之中，我依稀听见荷马一边唱歌一边摇摇晃晃、踌躇地摸索着，从这顶帐篷走到那顶帐篷——歌咏人生，歌咏爱情，歌咏战争，歌咏一个高贵民族的辉煌成就。那是美妙动人的歌，为眼盲的诗人赢得永恒的冠冕，万代的景仰。

有时候，我暗想也许手对雕刻之美的敏感比眼睛更甚。我觉得线条和弧度的韵律的流动摸起来比眼睛所见更微妙。不管如何，我知道古希腊男神和女神的心灵悸动可以从他们的大理石像中被感觉出来。

另一项比其他活动稀罕的乐趣，就是看戏。比起阅读剧本，我更喜欢请人向我描述舞台上正在上演的剧情，因为那样让我觉得自己好像活在动人的情节里。我有幸认识几位伟大的男演员和女演员，他们具有叫人着迷的魔力，让人忘记时空，再次活在浪漫的古代。在爱伦·泰瑞小姐出演我们理想中的女王时，我曾获准触摸她的面孔和服装。她有一种神圣的力量，仿佛能抵挡最大的苦难。亨利·欧文爵士站在她旁边，佩戴着王者的标志，每一个动作和神态都带有知性的威仪。敏感的脸上的每一根线条都展现出震慑人心和征服人心的王者风范。他像戴着面具一般刻着国王的表情，内心含着悲哀的疏离与冷淡，让我永生难忘。

我还认识杰弗逊先生。能够成为他的朋友，真是让人引以为荣。只要恰好身在他演出的城镇，我一定会去看他。我第一次看他演出是在纽约上学的时候。他演出的是《李伯大梦》——虽然经常阅读故事内容，但对于李伯从容、古雅、温和的作风我从未像看剧一样着迷。杰弗逊先生生动感人的表演让我喜不自胜。我的手指间有一副老李伯的样貌，永远不会流失。散场后，莎莉文小姐带我到后台看他，我抚摸着他奇特的装束、飘拂的头发和胡须。杰弗逊先生特地让我摸他的脸，让我想象老李伯长睡二十年后醒来时的表情，还为我表演了可怜的老李伯蹒蹒跚跚站起的动作。

他演的《对手》一剧我也见识过。有一次，我在波士顿探访他，他为我演出了《对手》中最动人的部分。我们的接待室权充舞台。他们父子坐在大桌旁边，剧中的鲍伯·艾克斯写出挑战书。我用手触摸他的所有动作，捕捉到了他滑稽逗趣的失足和手势。如果由别人拼字向我描述内容，一定不可能达到同样的效果。接着，他们站起来决斗，我追踪着两把剑戳刺和挡开的动作，以及可怜的鲍伯的勇气由指尖流尽时摇摇晃晃的情景。接着，这位伟大的演员猛拉一下外套，嘴巴痉挛着，让我霎时感觉置身在落水村，感觉施奈德毛发蓬乱的脑袋靠在我的膝前。杰弗逊先生朗诵着《李伯大梦》笑中带泪的绝佳对白。他要我指出搭配台词的手势和动作。当然，我对戏剧动作没什么鉴识力，只能随口瞎猜。但他以高超的艺术将动作和台词搭配了起来。李伯叹着气呢喃道："人一走，这么快就被人遗忘了吗？"度过长眠后，他搜寻着爱犬和枪支，沮丧至极。他在跟德瑞克签约时，犹豫不决得近乎滑稽——这一切活像出自真实人生——我是指，事情能如我们所愿的理想人生。

第一次观戏的情形我记得很清楚。那是在十二年前，小女演员爱西·李斯利来到波士顿，莎莉文小姐带我去看她出演的《王子与贫儿》。我永远忘不了这出动人的短剧时悲时喜的情感起伏，以及演出此剧的童星。散场后，我获准到后台跟穿着戏服的爱西见面。她长发披肩站着，笑容满面，虽然曾在一大群观众面前演出，却毫无羞态或

倦容。世上很难找到比她更可爱、更讨人喜欢的孩子。当时，我刚学会开口讲话，事先重复好多次念她的名字，终于说得十全十美。想到她竟听得懂我跟她说的寥寥几个字，并且毫不犹豫地伸手迎向我，我简直开心极了。

我的人生受限极多，但不是依然在许多关键时刻接触到了美丽世界的生活吗？凡事都有美妙之处，连黑暗和寂静也不例外。我学会了无论身处什么状况都要懂得心满意足。

不错，有时候我独自在人生封闭的大门外枯坐等候，寂寥感像寒雾包围着我。门内有光明、有音乐和甜蜜的友谊，我却进不去。沉默无情的命运挡住了我的去路。我恨不得质疑命运之神霸道的诏命。因为我的心仍然狂放不羁、热情洋溢，可是舌头不肯说出涌到唇边的无谓怨言，那些话像未流下的眼泪缩回心里。沉默压着我的灵魂。接着，希望含笑前来，悄悄说："忘我中自有快乐。"所以我尽量将别人眼中的光明变成我的太阳，别人耳中的音乐变成我的交响曲，别人唇上的微笑变成我的幸福。

第二十三章　不朽的生命

　　真希望这本自传中能举出所有给过我快乐的人的大名！其中，有些人在我们的文学界曾被提及，为许多人所爱戴，有些则是大多数读者从来没有听过的人物。不过，尽管他们的影响力不为人知，但在那些为他们所美化和提升的人的生命中将永垂不朽。某些时刻，我们认识了像好诗般让我们兴奋的人，一握手便洋溢着无言的同情的人，醇厚的心性给我们急躁的心灵带来神圣恬静感的人，那是我们生命中值得纪念的日子。我们满腔的困惑、恼怒和忧虑就像不愉快的梦一般消逝无踪，醒来便以新的眼睛看见、以新的耳朵听见上帝真实世界的美与和谐。我们日常生活中充斥的繁重的琐事突然幻化成种种灿烂的潜能。换言之，只要这种朋友在我们附近，我们便觉得一切都不会有问题。也许以前我们没见过他们，也许他们以后不会再走入我们的人生，但他们安详而醇厚的本性带来的影响却如祭神酒浇灌着我们

的不满。我们感觉得到它的疗效，宛如大洋察觉到山溪使海水变清。

常有人问我："有人会令你觉得厌烦吗？"我不太懂这句话的意思。我想，愚蠢又好奇的人——尤其是新闻记者的来访向来是不合时宜的。我还讨厌有人用高人一等的姿态跟我交谈，低估我的理解力。他们和特意放慢步子陪你走路迎合你的人差不多。两种情况都假惺惺得叫人气愤。

我觉得握手的时候手能传达很多意思。有些手的触感傲慢无礼。我见过一点乐趣都没有的人，当我握到他们冷如冰霜的指尖，仿佛在跟东北暴风雨握手似的。有些人的双手好像含有阳光，跟他们握手能温暖我的心房。或许只是孩童小手依恋的接触，可是我觉得里面含有许多潜在的阳光，不亚于别人眼中爱的凝视。真诚的握手或充满友爱的来信能带给我真心的快慰。

我有很多素未谋面的远方朋友。说真的，人数好多，我常常没法回信。但我要在此表白：无论我对他们的认识多么不足，我永远感激他们柔和的言语。

我想，能认识许多天才人物，跟他们谈话是我一生最甜蜜的殊荣。只有认识布鲁克斯主教的人，才能了解他的友谊对于接受者是多大的快乐。小时候，我喜欢坐在他的膝上，用一只手握住他的大手，莎莉文小姐则将他有关上帝和灵性世界的佳句化为字母拼写在我另一只手上。我以童稚的赞叹和喜悦聆听他的语言。我的灵魂无法像他那么高尚，但他给我的人生带来了真正的快乐感。每次离开他，我的内心必带着某种好的思想，随着我长大，个中含意越来越美、越来越深。有一次，我想不通为什么世上有那么多宗教。他说："海伦，有一种宇宙通用的宗教——就是爱心的宗教。全心爱你的天父，尽可能爱每一个上帝的孩子，记住善的潜能远大于恶的潜能，你将拥有天堂的钥匙。"而他的生活，就是他伟大真理的真实例证。在他高贵的灵魂中，爱心和渊博的知识与信念混合为一体，变成深刻的洞察力。他看见——

一切解放和提升的力量中有上帝，
一切自谦、温柔和慰藉的力量中有上帝。

布鲁克斯主教不教我特定的教义或教条，但他在我心中刻印下了两大理念——一为上帝的父道，一为人类的兄弟情谊——让我觉得这些真理是一切教义和崇拜形式的基础。上帝是爱，上帝是我们的天父，我们是他的子民。再暗的乌云都会散去，虽然正义会遭遇挫败，但恶行却不会永远得胜。

我这一生非常快乐，很少多想未来，只是偶尔想起上帝美丽的某处有我珍爱的朋友在那儿等我。尽管时移事易，他们似乎还在我身边。如果哪一天他们像去世前一样握住我的手，说些亲昵的话，我也不会觉得奇怪。

布鲁克斯主教去世后，我把《圣经》从头到尾读了一遍，还读了几本谈宗教的哲学作品，包括史维登堡的《天堂与地狱》和杜鲁蒙的

《人的攀升》。我觉得没有一套教义或系统比布鲁克斯主教的爱心教条更能满足心灵。我认识亨利·杜鲁蒙先生，觉得他强有力的暖洋洋的握手有如天赐的福佑。他是最有同情心的伙伴。他的学识很丰富，为人很和蔼，在他面前你不可能感到沉闷和无聊。

第一次会见奥利佛·温德尔·霍姆兹博士的情景历历在目。某个礼拜天下午，他邀莎莉文小姐和我去看他。时值早春，我刚学会说话不久。我们立即被请入他的书房，发现他正坐在火炉边的一张大扶手椅上，炉火红扑扑的，啪啪地响。他说他正在思索前几天的事。

"而且正在聆听查尔斯河的流水声。"我提示道。他回答说："是的，查尔斯河给了我许多可爱的联想。"屋里有印刷品和皮革的气味。我由此知道里面有很多书，本能地伸手去找。我的手指摸到了一本美丽的《丁尼生诗集》，莎莉文小姐告诉我是什么书，我开始背诵——

拍岸，拍岸，拍岸，
溅在冷冷的灰石上，
噢，大海！

但我突然住了口。我感到有泪珠滴在我的手上。我令我心爱的诗人落泪了，我好难过。他让我坐上他的扶手椅，拿来不同的有趣的书籍让我翻阅。我应他的要求背诵我当时最喜欢的诗——《鹦鹉螺》。此后，我见过霍姆兹先生很多回，爱其人也爱其诗。

就在我会见霍姆兹先生不久后的一个阳光明媚的夏日，莎莉文小姐跟我前往梅里马克河畔的一处宁静的住宅去拜访惠提耶。

他高贵的礼节和优雅的谈话深得我心。他有一本诗集是凸字版的，我读了其中的《学校时光》。他很高兴我咬字这么清楚，说他毫不困难就听懂了。接着，我问了他许多跟诗有关的问题，然后把手指放在他的唇上来收取他的回答。他说他就是诗中的小男孩，那个女孩名叫莎莉，其余的我都忘了。我还背诵了《劳斯·狄奥》。在我说出结尾诗的时候，他把一尊奴隶雕像放在我的手上，雕像蹲着，脚镣正由他身上掉下来，就像天使带圣彼得离开牢房时脚镣落下了一般。然后，我们走进他的书房，他亲笔写字送给我的老师："景仰您解除令徒的心灵桎梏，我诚心诚意与您为友。约翰·G·惠提耶。"表示佩服她的工作，还跟我说："她是你灵魂的解放者。"接着，他牵着我到大门口，温柔地亲吻我的额头。我答应次年夏天再去看他，可是诺言还没实现，他就去世了。

爱德华·艾佛雷特·哈尔博士是我的老朋友。我八岁就认识了他，对他的敬爱与日俱增。在遭受考验和悲哀的时候，他睿智温厚的同情曾是我和莎莉文小姐的一大支柱。他强壮的手曾协助我们越过许多崎岖的困境；他为我们做的事也曾为成千上万有艰巨任务要完成的人做过；他为教义的旧酒囊装入爱的新酒，教人什么是信任、生活和自由；他的人生美妙地表现了他教我们的道理——爱国爱乡、善待最弱势的同胞、真心追求上进和前进；他是先知和人类的激励者，是有力

MOSES.

的福音实践者，是全民族的朋友——上帝保佑他！

　　第一次会见亚历山大·葛拉姆·贝尔博士的经过我已在前面提及。后来，我曾在华盛顿和布雷顿岛海岬中心的美丽住宅跟他共度过许多快乐的日子。因查尔士·杜德蕾·华纳的作品而出名的贝德克村就在那附近。在此处的贝尔博士实验室和大布拉斯河岸边的原野，我花了很多时间听他谈他的实验，协助他放风筝——他想从中发现未来操控飞船的法则。这一切都是那么令人心旷神怡。贝尔博士精研许多科学领域，有本事把他触碰的东西变得趣味盎然，连最深奥难懂的理论也不例外。他让你觉得，只要你有多一点的时间，你也会成为发明家。此外，他还有幽默和诗意的一面。他特别喜爱小孩，最快乐的事莫过于怀里抱着个失聪的孩子。他为聋人所花的心血将永垂不朽，造福未来许多代的儿童。我们为他的成就敬爱他，也为他诱发别人的潜能而敬爱他。

　　我在纽约待了两年，有许多机会跟只闻其名不敢奢望见面的显赫人物交谈。初见他们，大抵是在好友劳伦斯·哈东先生家。能到哈东先生迷人的家园拜访他和亲爱的哈东太太，见到他们的图书室，读到才子朋友们写给他们的美丽的文章，真是一大殊荣。

　　有人说，哈东先生有能力从每个人身上诱发最好的思想和最真挚的情操，此言不虚。我们用不着读《我所认识的男孩》才了解他——他是我所知道的最慷慨大度、脾气温和的男孩，是同欢乐共患难的好朋友，他从人类同胞的生活中探讨爱的足迹，也从狗的生活中去发掘爱。

哈东太太是位真诚可靠的朋友。我心目中许多最甜美、最珍贵的东西都要归功于她。我上大学的过程中，她常常给予我忠告和协助。当我觉得功课特别难，特别泄气时，她写信给我，让我开心和勇敢起来。有些人会教我们"完成一项苦差事，下一项就会变得比较单纯和轻松"，她就是其中之一。

哈东先生介绍我认识了许多文学界的朋友，其中以威廉·狄恩·豪韦尔斯先生和马克·吐温先生最为不凡。我还见过理查德·瓦特森·吉尔德先生和埃德蒙·克拉伦斯·史台德曼先生。我也认识最有爱心、最和蔼的说故事能手朋友——查尔士·杜德雷·翠纳先生。他有广阔的同情心，可以说，他爱万物且爱人如己。有一次，华纳先生带着亲爱的林地诗人约翰·布罗斯先生来看我。他们都温婉而富有同情心。我感觉得到他们的散文和诗作所洋溢的才华，也感受得到他们举止态度的魅力。这些文学人士提出一个又一个话题，深入辩论，或是警句连连，妙语如珠，让我无法完全跟上他们的脚步。我就像希腊神话中小阿斯卡尼奥斯，以不胜脚力的步伐追踪埃涅阿斯航向大命运的英雄步履。但他们跟我讲话时和蔼可亲。吉尔德先生向我叙述他月夜穿过大沙漠找金字塔的事，他曾写信给我，并在签名下方划出很深的记号，希望我摸得出来。这使我想起哈尔博士以前常用点字法刺出签名，使他的来函带有私人笔触。我曾摸着马克·吐温的嘴唇读到他的一两则好故事。他思考、说话和行事都有自己的作风。我跟他握手，感觉他的目光一定炯炯有神。即或他用怪得出奇的声音表达他冷嘲热讽的智慧，你还是会觉得，他的心宛如刻画人类同情的温柔史诗。

我在纽约还碰到过一大堆有趣的人：《圣尼古拉》编辑玛丽·马普斯·道奇太太，《佩西》的作者理吉斯太太（凯特·道格拉斯·维金）等等。我收到过他们饱含真心的礼品、含有他们自己思想的书以及照亮灵魂的信和照片。我一再地让人为我描绘照片上的内容。空间

不足，让我无法一一提到所有的朋友，而且他们有些事隐藏在天使的翅膀后面，神圣得不宜摆进冷冰冰的印刷品内。连讲到劳伦斯·哈东太太我都有点犹豫呢。

我只再提两位朋友。一位是匹兹堡的威廉·梭太太，我常到她家"林德赫斯特庄"去拜访她。她经常做些令人快乐的事。我们认识她多年，她慷慨和明智的建议从未让我们师徒失望。

我对另一位朋友也亏欠甚深。他以领导大企业而知名，以非凡的能力赢得大家的敬重。他对每个人都和和气气，到处做好事，默默不为人知。我又触及到我不能提的名人圈了，但我乐于答谢他的慷慨和诚挚的关心，我能上大学都要归功于此。

是朋友们塑造了我的人生故事。他们以无数种方式将我的缺陷化为美丽的荣宠，让我在失聪失明的阴影下仍然能沉着快乐地向前走。

把活着的每一天
当作生命的最后一天

每个人的时间都是有限的

所以不要把自己的生命浪费在活在别人的意愿当中

不要被偏见束缚住

那样只会让你活在别人的设想中

　　斯坦福大学是世界上最好的大学之一，我非常荣幸今天能够和大家在此一起参加毕业典礼。我从来没有从大学毕业过。老实说，今天是我这一生中第一次离大学毕业典礼这么近。我在这里，想跟你们分享我人生中的3个小故事，仅此而已。不是什么大道理，只是3个小故事。

　　第一个故事是关于点与点之间的联系。

　　我在里德学院只读了6个月就退学了，此后在学校里旁听，这样过了大约一年半，我才彻底退学。那么，我为什么退学呢？

这得从我出生前讲起。我的生母是一名年轻的未婚在校研究生，她决定将我送给别人收养。她非常希望我能够被有大学学历的人收养，并且她把一切都安排好了：我一出生就被交给一对律师夫妇收养。没想到我出生以后，那对夫妇却决定收养一名女孩。就这样，我的养父母——当时他们还在登记册上排队等着呢——半夜三更接到一个电话："我们这儿有一个没人要的男婴，你们要么？""当然要！"他们回答。但是，我的生母后来发现我的养母不是大学毕业生，我的养父甚至连中学都没有毕业，所以她拒绝在最后的收养文件上签字。不过，没过几个月她就心软了，因为我的养父母许诺日后一定送我上大学。

17年之后，我真的进了大学。但是那个时候我天真地选择了一所学费跟斯坦福大学一样贵的学校，因此我工薪阶层的养父母把他们所有的积蓄都用于给我交纳学费。在大学里面待了6个月以后，我发现大学对我来说没有任何价值可言。我也不知道我未来要做什么，不知道大学如何帮助我走出这个迷惘，而大学却在不停地消耗我父母的所有积蓄。最后我决定退学，并且坚信一切都会明朗起来。在当时，这个决定让我确实非常恐惧，但现在回头来看，这个决定绝对是我迄今为止所做过的最英明的决定中的一个。退学以后，我终于彻底地从那些不感兴趣的必修课当中解脱出来，然后开始自由地去旁听一些感兴趣的课程。

那段时间可一点都不浪漫。我没有宿舍可以住，所以只能睡在朋友房间的地板上；为了有钱吃饭，我把可乐瓶子还回去去换取5美分的瓶子押金。为了每周唯一的美餐，我每周五的晚上必须步行7公里到城的另外一头的黑尔科里施纳礼拜堂，我喜欢那里的美食。但许许多多当时我凭着好奇心与兴趣所做的事情，在后来都被证明是无价之宝。

我先给你们举一个例子：里德学院的书法课在当时可能是全国最好的。校园里面张贴的每一张海报，每一个抽屉上的标签，都是非常漂亮的手写书法。当时我已经退学了，不需要去上那些常规课程，所以我决定去上书法课，研究下如何把字写得漂亮。我学习写带衬线和不带衬线的印刷字体，根据不同字母组合调整其间距，以及怎样把版式调整得好上加好。这门课太棒了，它所具有的美感、历史感、艺术感这些微妙的东西是科学无法做到的。

我从没想过这些会对我未来的生活产生什么实际价值。但10年以后，当我们开始设计第一台麦金托什机时，这些东西却一下从我脑子里面浮现出来。于是我们将所有的东西都设计进麦金托什机里。这是第一台有这么漂亮的文字版式的计算机。如果不是我当初去选修了这门书法课，麦金托什机计算机绝对不会有那么多种印刷字体或间距安排合理的字号。如果不是Windows复制了麦金托什机模式，可能个人计算机现在还没这些东西。要不是退了学，我决不会碰巧选了这门书法课，而个人电脑也可能不会有现在这些漂亮的版式。当然，我在大学里不可能从这一点上看到它与将来的关系。10年之后再回头看，两者之间的关系就异常的清楚了。

重申一下，你在展望未来时不可能将生活中的这些点关联起来；只有回头看时，才会发现它们之间的关系。所以，要相信这些点迟早会连接到一起的。你们必须信赖某些东西——勇气、命运、生活、因缘等等。这样做从来没有让我的希望落空，还彻底改变了我的生活。

我的第二个故事是关于爱与失去。

我是很幸运的，因为我在很早的时候就已经知道我喜欢做什么了。20岁那年，我和沃兹在我父母的车库里面成立了苹果公司。通过我们10年的努力付出，苹果终于在车库里诞生了，从仅仅两个人的规模发展成为一个拥有员工4000、资产达到20亿美元的大企业。在公司成立的第9年，我们推出了我们最好的产品——麦金托什机。那年我刚

满30岁，紧接着我就被解雇了。你
怎么会被你自己建立的企业解雇呢？
好吧，事情实际上是这样的，随着苹
果的成长，我们雇用了一个当时在我
看来很有才华的管理人员与我一起管
理苹果。刚开始的一年左右一切进展
顺利。但是后来，我们对于苹果未来
的发展发生了分歧，而最终这也导致
了我们分道扬镳。但此时董事会的成
员都站在了他那一边。这样，在30
岁那年，我离开了自己创立的苹果，
在众目睽睽之下我被炒了。我成年后
的整个生活重心都失去了，这真是糟
糕透了。

刚开始的几个月，我真的不知道
应该做什么。我感到自己给老一代的
创业者丢了脸——因为我丢掉了传到
自己手里的接力棒。我去见了戴维
帕·卡德和鲍勃·诺伊斯，想为我的
糟糕行为向他们道歉。我是一个众所
周知的失败者，我甚至想过逃离硅

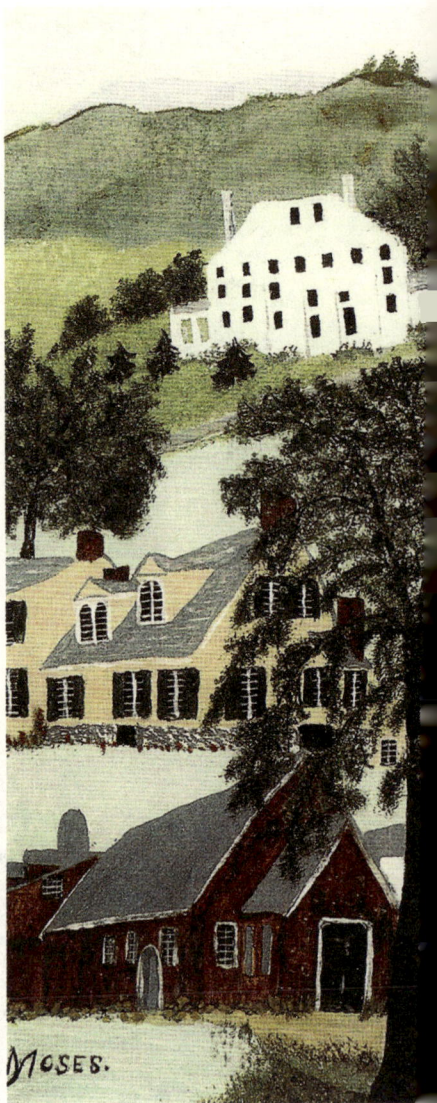

谷。但是，渐渐地，我开始看见一线曙光——我仍然热爱我过去做的一切。在苹果公司发生的这些风波丝毫没有改变这一点。我虽然被拒之门外，但我仍然深爱我的事业。于是，我决定从头开始。

有一点在当时是我没有发现，但是后来却被事实所证明的：那就是被苹果解雇是我迄今为止一生当中所碰到的最好的一件事情。尽管前途未卜，但从头开始的轻松感还是将保持成功的沉重感彻底取代。我开始进入了一个我一生当中最有创造力的时期。

在接下来的5年时间里，我重新成立了一家叫NeXT的公司和一家叫Pixar的公司。我还爱上了一位了不起的、将会成为我妻子的女人。Pixar公司推出了世界上第一部用电脑制作的最佳动画长片《玩具总动员》，它现在是全球最成功的动画制作室。后来的一系列变化中，苹果将NeXT收购了，我又回到了苹果公司。我们在NeXT开发的技术成为了苹果重新崛起的核心技术。我和劳伦娜也建立了美满的家庭。

我很肯定如果当初苹果没有将我解雇的话，后来这一切都不会发生。良药苦口，但是我认为病人确实是需要这种东西的。有时候生活会给你当头一棒，但是不要灰心。我一直都确信，让我一直坚持下去的动力就是我喜欢做的那些事情。你必须要找到你真正爱的东西，这个道理适用于必须找到你真正热爱的工作和爱的人。工作占据生活中的大部分时间，让自己真正满意的唯一办法是做自己认为有意义的工作。做有意义的工作的唯一办法是热爱自己的工作。如果你还没有找到你真正热爱的工作，那就继续寻找，不要半途而废。就像一切需要你内心感觉所引导的事情一样，当你发现它的时候，你的感觉会告诉你。如同其他真诚的关系一样，随着时间的流逝你会发现这种关系会越来越紧密。所以说，要不断地寻找，直到找到自己喜欢的东西，不要半途而废。

我的第3个故事与死亡有关。

在我17岁那年，我读到了海伦·凯勒的一段话："如果你把每一天都过得像最后一天，总有一天你会发现你是正确的！"这句话给我留下了深刻的印象，从那时起，33年过去了，我每天早上都会对着镜子问自己："如果今天是我生命中的最后一天，我还会去做今天我要做的事情吗？"如果每次得到的答案都是"不"，那么我就知道我需要做出一些改变了。

在我生命中帮助我做出重大决定的一个原则就是：时刻谨记生命随时都可能会结束。因为所有你对外部的期望，你的自尊，所有对于失败以及困窘的恐惧，在面对着死亡的时候都会消失，你脑海中只会存在你认为真正重要的东西。对于我来说，避免患得患失的最好的办法就是随时要提醒自己，生命随时都可能会结束。你已经一无所有的时候，干吗还不跟随自己的感觉去做事情？大概一年多以前，我被诊断出患上了癌症。我在早上七点半的时候做了一个扫描检查，结果显示在我胰腺上有一个肿瘤。医生告诉我，我极有可能患上了一种不治之症，并且推测我的生命只剩下3个月到6个月的时间。医生建议我回

去把一切都安排好，其实这是在暗示我准备后事。也就是说，把今后10年要跟孩子们说的事情在这几个月内嘱咐完；也就是说，把一切都安排妥当，尽可能不给家人留麻烦；也就是说，去跟大家诀别。

那一整天我脑子里面都是这个诊断结果。到了晚上，我做了一次组织切片检查，他们把一个内窥镜通过喉咙穿过我的胃进入肠子，用针头在胰腺的瘤子上取了一些细胞组织。当时我用了麻醉剂，陪在一旁的妻子后来告诉我，医生在显微镜里看了细胞之后叫了起来，原来这是一种少见的可以通过外科手术治愈的恶性肿瘤。我做了手术，现在好了。

这就是迄今为止我最接近死神的一次，当然我也希望在此后很多年以后，这也仍然是我生命中最接近的一次。在经历过这些事情之后，我可以更加确定地告诉你们一件事，而不仅仅让你们感觉只是纸上谈兵，那就是：没人愿意去死。即使那些想去天堂的人也不愿意死后再去。尽管死亡是我们大家最后的归宿，而且没人能摆脱这个最终的命运。死亡很可能是生命最好的一项发明。它推进生命的变迁，它推开陈旧的东西为新生事物让路。现在，你们就是新生的事物，但在不久的将来，你们也会逐渐成为陈旧的，也会被淘汰的。对不起，这很戏剧性，不过这是千真万确的。

每个人的时间都是有限的，所以不要把自己的生命浪费在活在别人的意愿当中。不要被偏见束缚住，那样只会让你活在别人的设想中。不要让别人的想法遮盖你自己内心真实的声音。最重要的一点是：要有跟随自己内心的直觉与感觉的勇气。它们已经告诉你你真正想成为什么样的人，其他所有的信息都是第二位的。

我年轻时曾经阅读过有一本非常好的刊物，叫《全球概览》，这是我们那代人的宝书之一。创办人名叫斯图尔特·布兰德，就住在离这儿不远的门洛帕克市。他用诗一般的语言把刊物办得生动活泼。那是20世纪60年代末，还没有个人电脑和桌面印刷系统，所有报纸内容全靠打字机、剪刀和即显胶片照相机完成。它就像一种纸质的Google，却比Google早问世了35年。这份刊物棒极了，查阅手段齐

备，整体构思相当完美。

斯图尔特和他的同事们出了好几期《全球概览》，当一切按常规发展的时候，他们出版最后一期。那是20世纪70年代中期，我也就是你们现在这样的年纪。最后一期的封底上是一张清晨乡间小路的照片，就是那种爱冒险的人等在那儿搭便车的那种小路。照片下面写道：求知若饥，虚心若愚。那是他们停刊前的告别辞。求知若饥，虚心若愚，这也是我一直想做到的。

——史蒂夫·乔布斯斯坦福大学演讲